Der Teufel ist ein schlechter Chauffeur

Ruth Berlau

Der Teufel ist ein schlechter Chauffeur

Zwischen Kopenhagen, Paris, New York und Berlin

Herausgegeben und mit einem Nachwort
von Ditte von Arnim

: TRANSIT

Inhalt

Abbildung Seite 7: Ruth Berlau auf dem Weg nach Moskau, 1930

1 Ich habe auch einen Revolver …

Kopenhagen – Paris

August 1928

Ekstra Bladet

Eine junge Dame aus Kopenhagen geht auf die Reise, bewaffnet mit einer Trillerpfeife, einer Pistole und einem Füllfederhalter

Mittlerweile ist es ein sehr beliebter Sport, nach Paris und wieder zurück nach Hause zu fahren. Aber normalerweise sind es mehrere, die verreisen. Doch nun versucht es eine junge mutige Frau aus Kopenhagen – Ruth Berlau aus der Bjelkes Allee – allein, und es ist ihre Absicht, mit dem Fahrrad nach Paris und zurück zu fahren. Sie startete gestern Nachmittag um 16 Uhr vom Kongens Nytorv. Kurz vor dem Start führte einer der Mitarbeiter von *Ekstra Bladet* ein kleines Interview mit ihr – ein hübsches junges Mädchen, schlank, ausgelassen, mit tiefschwarzem Haar und dunkelbraunen Augen. Diese Person ist derzeit zwanzig Jahre alt.

»Wie sind Sie auf diese Idee gekommen?« frage ich die junge Dame.

»Ich hatte die Idee in einem russischen Dampfbad«, sagt sie lächelnd. »Da bekomme ich alle meine verrückten Ideen – man denkt sehr gut, wenn man liegt und schwitzt ... Und dann habe ich übrigens eine ältere Schwester, und letztes Jahr war sie auf einer langen Pilgerreise in Schweden – und sie schrieb für verschiedene Magazine über die Reise und die Reise hat ihr viel Spaß gemacht – und da dachte ich, das ist etwas, was ich auch machen könnte. Jetzt versuchen wir 's, wie schlimm kann's schon werden? – Ich werde es schaffen!«

»Sind Sie Studentin?«

»Nein, ich bin nur eine Praxishilfe beim Zahnarzt ... Und deshalb will ich auch mal rauskommen – weil es das erste Jahr ist, in dem ich arbeite, davor habe ich bei meiner Mutter gewohnt, und wenn man immer nur in der Stadt ist, braucht man ab und zu ein bißchen frische Luft in den Lungen... Ich bin seit vier Jahren verlobt – vier lange Jahre – aber nun ist mein Freund von mir gelangweilt … Eins kommt zum andern – irgendwas muß jetzt passieren …

»Wieviel Zeit haben Sie für diese Tour geplant?«

»Ich muß in 14 Tagen da unten sein. Ich habe nur einen Monat Urlaub, deshalb werde ich wohl nicht allzuviel von den Pariser Geheimnissen sehen – aber es ist ja hauptsächlich um der Reise willen. Ich reise ohne Geld – ich habe nur 105 Kronen dabei – es wird lustig, im Straßengraben zu schlafen – ich habe vor, nachts zu fahren, wenn es nicht zu dunkel wird, und mich dann tagsüber auszuruhen … Ich habe vor, zirka hundert Kilometer am Tag zu fahren – und wenn es ab und zu ein Auto gibt, das einen mitnimmt, ist das natürlich schön …

Bewundernd sehe ich die junge Dame an, die einen braunen Pfadfinder-ähnliches Kostüm trägt, mit der dänischen Flagge am Revers.

»Sieht gut aus, nicht wahr?« fragt sie lächelnd. »Ich habe es selbst genäht! Es ist ein Kostüm, wie geschaffen für den Anlaß: unten weit, an der Taille schmal. Und wenn ich mit einer kleinen Flagge rumlaufe, dann nicht, weil ich eine Idiotin bin, sondern, weil ich gehört habe, daß die dänische Flagge in anderen Ländern sehr gut angesehen ist … vielleicht kann ich davon profitieren. – Hier, an meinem Gürtel trage ich eine kleine Pfeife, und wissen Sie, was ich damit vorhabe? Ja, wenn ich angegriffen werde, blase ich in die Pfeife – dann denken die Schurken, daß ich der Anführer einer ganzen Pfadfindergruppe bin, und sie trauen sich nicht, mir was anzutun! Ziemlich clever, stimmt's? Übrigens habe ich auch einen kleinen Revolver – für den Notfall …«

»Und der Gedanke macht Ihnen keine Angst?«

»Überhaupt nicht. Meine Familie ist schockiert und sie haben alles versucht, um mich von der Fahrt abzubringen – sie reden von weißer Sklaverei und vielen anderen Sachen! Aber ich will nach

Paris! Und wenn mir die Reise sonst nichts bringt, so verliere ich doch hoffentlich ein paar Pfunde auf dem Weg …«

»Warum das?« frage ich mit einem milden, verwunderten Blick auf den schlanken Körper.

»Puh … Ich wiege 96 Pfund!«

»Ist das nicht in Ordnung?«

»Worauf wollen Sie hinaus …? – Es sind mindestens zehn Pfund zuviel«! Danach startete die kleine Ruth ihre kleine Reise nach Paris. *Ekstra Bladet* hat mit der jungen Frau verabredet – eine typische Repräsentantin des Kopenhagener Mädchens von 1928 –, daß sie uns ab und zu ein paar kurze Geschichten von ihrer Reise schickt. Wir versprechen jetzt schon, daß sie nicht langweilig sein werden.

Dr. Rank

Mit dem Fahrrad nach Paris (Orig.: Paa Cycle til Paris), 4. August 1928

Ekstra Bladet

Obdachlos auf Hamburgs Straßen …
der liebenswürdige Amerikaner …
Ein Erlebnis auf der Straße

Hildesheim, Sonntagabend, 19 Uhr 30

Als ich vom Hauptbahnhof in Hamburg kam, dachte ich, daß ich nach Hause zu einem Bad und einem schönen Bett bei meiner Tante und meinem Onkel kommen würde – aber Guten Morgen! – niemand war daheim, also hatten sie meinen Brief wohl nicht bekommen – und so fuhr ich klatschnaß (natürlich hatte es in Hamburg geregnet, das tut es immer) von einem Hotel zum anderen, ohne eine Unterkunft zu finden. Ich war hundemüde und verzweifelt. Plötzlich sah ich eine dänische Flagge außen an einem Hotel und obwohl dort »besetzt« stand, klingelte ich und zeigte *meine* dänische Flagge. Die Frau war sehr unfreundlich, aber ich drängte mich mit Fut's Vorderrad in die Tür und sagte, daß ich hier blei-ben wolle; ich war kurz davor, sie mit der Pistole zu bedrohen. Sie zeigte mir ein Zimmer, in dem fünf Betten bezogen waren, doch niemand schlief dort, was mich nicht überraschte; es stank so fürchterlich, daß man kaum atmen konnte. Ich traute mich nicht unter die Betten zu schauen, schlief dort aber trotzdem sehr ruhig, mit meiner Trillerpfeife und der Pistole unter der Matratze. Es war mir ein bißchen peinlich, sie dort zu finden, als ich am nächsten Morgen um 8 Uhr 30 aufwachte – wo doch gar nichts Aufregendes passiert war!

Um 10 Uhr fuhr ich los – wieder bei Wolkenbruchwetter – und schwamm fast bis hinter Hamburg. Nach zehn Kilometern war mir klar, daß das nicht mehr lustig war – aber trotzdem fuhr ich noch weitere zehn Kilometer. Dann fuhr ein fantastischer Packard an mir vorbei – und ich ruderte mit Händen, Füßen und der Flagge, bis der Mann anhielt, erstaunt über mein Temperament. Er ist bestimmt Amerikaner, dachte ich, als ich sah, wie er Fut so locker in das tolle Auto hievte und mit einer Handbewegung auf den Sitz neben sich deutete. Und schon fuhren wir los … Ich sagte, daß ich nach Rotenburg fahren würde und von da aus nach Köln. Als wir an eine Querstraße kamen, sagte er: »Wenn Du nach Rotenburg willst, mußt Du hier aussteigen!« Hier raus, auf keinen Fall, dachte ich – ich wurde doch grad erst wieder trocken. Mein Amerikaner (er war wirklich Amerikaner) sprach weiter: »Ich fahre über Celle nach Halle – über Braunschweig. – Wohin willst Du?« »Nach Celle«, antwortete ich, verzweifelt über den Umweg … Er bot mir an, mich über Hildesheim nach Köln zu fahren; das wäre kein Umweg für ihn. Das ist ja schön, dachte ich – ich hoffe nur nicht, daß er ein Großkaufmann für den weißen Sklavenhandel ist! Das war er nicht, weil ich in einem Teil von Hildesheim sitze, und ich bin 133 Kilometer vorangekommen, obwohl die Richtung nicht *so* günstig war. Es geht nach Paris! In drei Tagen bin ich hoffentlich in Köln.

Mit Ruth und Fut auf Abenteuerreise (Orig.: Med Ruth og Fut paa Eventyr), 7. August 1928

Ekstra Bladet

Strecke Kopenhagen – Köln ist in vier Tagen zurückgelegt

Köln, Dienstag Nacht, 20 Uhr

Nach vier Tagen habe ich Köln erreicht. Ich schwamm zunächst ab Hildesheim, es hatte zwei Tage durchgeregnet. Aber ich kam nicht weiter als bis zu einem anheimelnden Städtchen mit dem Namen Elze, 18 Kilometer von Hildesheim entfernt. In Elze fand gerade ein großes Fest statt – soweit ich verstand, war es ein Feuer-Fest, doch wie konnten sie Feuer machen, wenn es so naß war, das verstand ich nicht – in mir konnten sie kein Feuer entfachen, selbst wenn sie mich auf das Feuer gesetzt hätten, weil ich so naß war.

Am nächsten Morgen 9 Uhr fuhr ich weiter gen Paderborn, aber ich mußte unterwegs haltmachen, um mir die Externsteine anzugucken, ein paar riesige Steinblöcke mit eingemeißelten Helden-Figuren. Es führten große Treppen zu ihnen empor, und es sah aus wie ein populärer Ausflugsort, und da waren auch ein paar Deutsche, die dort saßen und Würstchen aßen … am Abend kam ich nach Paderborn. Ich hatte an diesem Tag nur gefrühstückt und zwar ein halbes Pfund Rippchen. Ich habe seit Beginn meiner Tour nur 24 Mark ausgegeben, wovon sieben für die Fähre Gedser-Warnemünde waren.

Den Morgen darauf fuhr ich von Paderborn Richtung Unna. In Unna wurde ich von einem kleinen fetten Russen aufgegabelt, der die ganze Zeit hustete. Er hatte eine geheimnisvolle Flasche in einem Netz vor sich – er sagte, es wäre Gasoline, aber ich hatte den Verdacht, es war Wodka … er fuhr bis runter nach Düsseldorf und es war eine schöne und angenehme Fahrt entlang der Ruhr, aber sehr gebirgig, deshalb war ich sehr froh, daß er mich mitgenommen hatte. Von Düsseldorf nach Köln waren es nur 34 Kilometer. Ich war erschöpft, aber ich wollte Köln unbedingt noch heute

Nacht erreichen, damit ich morgen erholt aufwachen und die Presseausstellung besuchen kann. Am Mittwoch, 15 Uhr nachmittags, mach ich mich auf den Weg nach Paris!

Ruth und Fut auf Abenteuerreise (Orig.: Med Ruth og Fut paa Eventyr) 9. August 1928

Ekstra Bladet

Ruth Berlau ist in Belgien und kämpft sich unverdrossen nach Paris vor

Dinan, den 9. August, 18 Uhr

Seit heute morgen 7 Uhr habe ich 154 Kilometer zurückgelegt. Mittwochnachmittag kam ich aus Köln und erreichte Aachen noch in der Nacht. Erst hatte ich vor, bis nach Liège zu fahren, aber es war schon dunkel, und an der Grenze hatten sie mir ziemlich Angst gemacht, denn man hatte sich kolossal gewundert, daß ich allein war … deshalb hielt ich außerhalb Aachens und blieb über Nacht in einem schönen Gasthof zwischen den Bergen. In den frühen Morgenstunden ging meine Reise weiter. Um 10 Uhr 30 vormittags kam ich in Liège an und setzte mich außerhalb der Stadt an den Rand einer Brücke, die über die Meuse führt. Ich habe eine Schwäche für Flüsse und habe schon in fünf gespuckt: Elbe, Weser, Ruhr, Rhein und nun also Meuse. Ich fuhr entlang des Flusses nach Namur, wo an einem Ufer eine Badeanstalt angelegt war, und von da aus weiter nach Dinan mit der kolossalen Festung, die in die Felsen gebaut ist.

Fünfzig Kilometer vor Namur hatte ich Glück und konnte mich an ein Auto hängen, aber nach zwanzig Kilometern hatte das Auto einen Platten. Im selben Moment kam ein anderes Auto – aber als ich endlich mit großer Mühe das andere Auto eingeholt hatte, fühlte ich plötzlich diese niederträchtigen Stiche im Herzen. Was war das – sollte ein kleines Stück Fleisch plötzlich Probleme machen? Nur einmal in meinem langen Leben hatte ich Schmerzen am Herzen, nämlich als ich Tyrodin einnahm, um abzunehmen.

Naja, den kleinen Schmerz im Herzen, vergaß ich dann doch schnell, weil ich so froh war, daß das Auto nach Dinan fuhr. Und hier bin ich nun, nur zwanzig Kilometer von der französischen Grenze entfernt, trinke Dubonatt – und denke an den Bürgersteig zuhause.

11. August 1928

Ekstra Bladet

Ankunft der lustigen Radfahrerin in Paris am Samstag, den 11., um 3 Uhr nachts

Paris, 11. August

Auf dem Weg von Dinan zur französischen Grenze fühlte ich mich komisch und schwindelig, weil ich so müde war. Ich legte Fut auf die Seite und ging zur Meuse runter, die nur einhundert Meter von der Straße entfernt war. Ich muß wohl eingeschlafen sein, wachte aber plötzlich wieder auf und sah einen Mann, der sich an Fut's Schloß zu schaffen machte. Just in dem Moment, als er sich Fut auf die Schulter lud, nahm ich die Pfeife in den Mund. Er rannte weg und damit wäre es gut gewesen, wenn ich ihn nicht unglücklicherweise so laut ausgelacht hätte, denn der Mann sah so komisch aus, als er weglief.

Er drehte sich um, und als er sah, daß es ein junges Mädchen war, wurde er plötzlich ganz mutig und ging auf mich los. Ich sprang auf mein Fahrrad, und er rannte mir nach. Aber nach einer Weile mußte er die Verfolgungsjagd aufgeben.

Französische Grenze, das Büro war verschlossen. Als aber der Grenzposten hörte, daß ich aus Dänemark kam, war er überwältigt. Er machte seine Petroleumlampe an und half mir. Aber trotz seiner Freundlichkeit kam ich nicht umhin, 105 Franc zu zahlen. Sie ist ein teures Mädchen! All das, und zwei Kopenhagen liebende Schweden, die mich mit ihren Geschichten vom Tivoli und dem Adel aufhielten sorgten dafür, daß ich nur bis Givet kam, von wo aus ich Freitag um 7 Uhr morgens nach Reims aufbrach. Ich wollte nach Reims, auch wenn es ein Umweg war. Als ich vierzig Kilometer gefahren war, nahm ein Mann Fut und mich in seinem Wagen mit und fuhr mich den Rest des Weges bis Reims. Mit vielen guten Wünschen setzte er mich ab. Um 17 Uhr fuhr ich weiter. Ich hatte viel Kraft. Aber könnte ich Chateau Thierry erreichen? Ich schaffte mehr als das. Um 3 Uhr nachts kam ich in Paris an.

Ekstra Bladet

Eine Menge Fotos und
Interviews in Pariser Magazinen

Ruth Berlau wohnt im skandinavischen Hotel »De Malta« in der Rue Chevalier, wo wir sie heute Vormittag anriefen, um zu hören, wie es der jungen Dame geht, die ins »Herz der Welt« gekommen ist – mit dem Fahrrad. Am Apparat Louvre 37-14 erreichen wir sofort Fräulein Berlau und ihre kräftige Stimme klingt sehr glücklich und klar.

»Wie ist Ihr Befinden in Paris?« ist unsere erste originelle Frage.

»Wunderbar! Ich bin sehr erfreut, in der großartigsten Stadt der Welt zu sein.«

»Treffen Sie denn Dänen da unten?«

»Jaja. Am Tag nach meiner Ankunft wurde ich von einem Dutzend Journalisten und Fotografen aus Paris besucht. Und heute kann man keine Zeitung aufschlagen, ohne daß einen Fräulein Berlau anschaut. Sogar das berühmte Sportblatt *L' Auto* bringt ein Bild und einen ganzen Artikel über mich.«

»Wie lange bleiben Sie in Paris?«

»Voraussichtlich ein paar Tage, dann geht's über Brüssel zurück nach Hause.«

»Würden Sie noch mal so eine Fahrradtour machen?«

»Jaja, schon jetzt fühle ich mich erholt und wäre bereit loszufahren, wenn es sein soll.«

Ruth und Fut erreichen Paris wohlauf (Orig.: Ruth og Fut har naaet Paris i god behold)

und Ruth am Telefon (Orig.: Ruth i Telefonen), 14. August 1928

L' Auto, *Dienstag, 14. August 1928*
Von Kopenhagen nach Paris

»Ich komme soeben mit dem Fahrrad aus Kopenhagen; ich habe dazu sechseinhalb Tage gebraucht, bei zwanzig Kilometer in der Stunde.«

Fröhlich und schlank, erscheint Miss Ruth Berlau khakifarben gekleidet, die blonden lockigen Haare quellen unter einem Stoffhelm hervor. Schön und anmutig, unterwegs für eine ungewöhnliche Reportage ihrer Zeitung *Ekstra Bladet*, ist sie ganz glücklich, Paris zu sehen, etwas Zeit zu haben und dann wieder den weiten Weg zurück in Angriff zu nehmen.

»Welche Sportarten üben Sie denn normalerweise aus?«

»Fechten, Tennis, aber, wie alle jungen Däninnen, in der Stadt vor allem den Radsport. Ihr in Frankreich habt ja keine Ahnung, wie sehr dieser bei uns im Norden eine Rolle spielt. Die jungen Mädchen aus bestem Hause, überhaupt die jungen Leute, verbringen viele Stunden auf ihren Fahrrädern. Das ist so praktisch, so angenehm ...«

»Ja, aber in Dänemark gibt es auch extra Fahrradwege, die Straßen dort sind vorzüglich und der Verkehr ist nicht so dicht.«

»Sicherlich, aber es spielt noch etwas anderes eine Rolle: Sie haben hier nicht den gleichen Geschmack am Fahrradfahren gefunden wie wir, weil sie unbequem darauf sitzen.«

Was mir Fräulein Ruth Berlau mit dem Enthusiasmus ihrer zwanzig Jahre erläuterte, hat man mir auch in Amsterdam erklärt, als ich eine Erklärung für den nicht endenwollenden Strom von fahrradfahrenden Jungen und Mädchen suchte, die mit viel Geschicklichkeit durch die Stadt fuhren.

»Und Sie wollen tatsächlich auf dem Fahrrad zurückfahren?«

»Natürlich!«

Und mit flottem Sprung war sie wieder auf ihrem vertrauten Fahrrad, das für sie im großen Paris das einzige Verkehrsmittel blieb.

Ekstra Bladet

Ruth und Fut's Wette:
am Rathausplatz, Sonntag, 22 Uhr

Brüssel, Sonntag

Sonnabendvormittag um 10 Uhr fuhren wir von der Place de l'Opera in Paris los, und nochmal gab es Blumen, Aufmerksamkeit und Fotos, die von uns gemacht wurden. Ich hatte gehofft, dreihundert Kilometer am Stück nach Brüssel zu schaffen, aber ich hatte das Pech gepachtet und traf nicht ein einziges Auto, auf das ich mein Fahrrad hätte laden können. Deshalb kam ich nur bis Peronne, aber es waren immerhin 138 Kilometer, und dann hatte ich Verspätung wegen ein paar ekelhafter, dummer Fahrer, die Löcher in Fut's Reifen stachen, als ich in einem Wirtshaus war, um ein Glas Milch zu trinken. Sie dachten, daß ich mit ihnen nach Roye fahren würde, und sie waren sehr enttäuscht, als sie sahen, wie ich Fut in einen Hinterhof schob, um es zu reparieren. Die blöden Männer stichelten weiter, und als ich weiterfuhr, folgten sie mir und bremsten so plötzlich, daß ich gerade noch so um die Autos herumfahren konnte, und sie riefen mir nach und neckten mich. Einige Kilometer vor Peronne beschloß ich, daß das ein Ende haben mußte. Als ein Auto wieder vor mir hielt und ich ausweichen mußte, zog ich meine Pistole und schoß eine Kugel in einen der Hinterreifen, es gab einen lauten Knall – meine Ohren liebten es. In diesem Moment legte ich einen Zahn zu und sprintete den ganzen Weg bis Peronne. Währenddessen mußten die anderen die Reifen flicken. Ich war sehr gespannt, ob sie mich einholen würden, aber ich sah sie nicht wieder, und hatte somit großartig Rache genommen. Natürlich war ich hundemüde, als ich in Peronne ankam, ging ich in ein Hotel und ins Bett. Am nächsten Morgen war ich um 7 Uhr wieder auf den Rädern, setzte Kurs auf Cambrai und schaffte die vierzig Kilometer bis 12 Uhr, zu denen man noch mal zwölf Kilometer addieren kann, weil ich mich verfuhr. Während einer kurzen Pause wurde ich von riesigen ekelhaften Ameisen angegriffen, meine Laune war folglich nicht so gut, als ich in Cambrai ankam. Nach einem erfrischenden Bad fuhr ich nach Valenciennes, und von da aus erreichte ich schnell die Grenze, wo ich meine deponierten einhundert Belgischen Francs zurückbekam. Danach fuhr ich durch eine interessante, aber sehr schmutzige Gegend, nämlich das Kohle-Revier. Jeder, den ich traf, war schwarz im Gesicht, und am Ende auch ich, aber es war so dunkel, daß es mich nicht störte. Auf dem letzten Abschnitt bis Brüssel fuhr ich wie eine Maschine, so erschöpft war ich.

Montagmorgen fahre ich nach Brügge durch Holland, über Rotterdam und Utrecht. Danach kommt die Route Bremen, Hamburg, Warnemünde-Gedser und Kopenhagen! Und ich habe eine Wette mit Fut zu laufen, daß wir am Sonntag, den 26. um 22 Uhr am Rathausplatz sein könnten! Dann ist Ruths und Fut's Reise zu Ende.

Ruth und Fut am Rathausplatz, 21. August 1928

Ekstra Bladet

Es geschah auf dem Bürgersteig …
Von Ruth und Fut und dem Polizeichef

An der Nordsee, den 23. August

Fut und ich sind jetzt auf dem Wasser, und das hat Charme, auch wenn Fut sehr ungeduldig ist, wieder auf die Straße zu kommen. Es war so schön in Holland. Ich erinnere mich mit Freude an die schöne und freundliche Natur, auch wenn man mich, gelinde gesagt, ungalant behandelt hat. Wie die Sonne auf die Felder scheint, wo das reife Korn in einer Art gebündelt wird, die mich an einen riesigen Schildkrötenhut erinnert; und es ist bezaubernd und romantisch, die kleinen, von Eseln gezogenen Karren zu sehen, und eine Idylle aus Straßen und Kanälen. Ich glaube, das alles ist sehr typisch für das Land, wenn man von Bagatellen wie einem kleinen Arrest absieht. – Ja, ich war tatsächlich in Haft.

Auf dem Marktplatz in Breskens ergriff mich ein Polizist und brachte mich zum Revier. Sie nahmen mir die Pistole ab. Zwei Tage wurde ich festgehalten, ohne daß mich diese Unterbrechung in irgendeiner Form meiner guten Laune beraubt hätte. Ich habe mir nichts zu Schulden kommen lassen, und so ist es eine Erfahrung mehr, denn nicht jeder landet im Gefängnis, stimmt's? Die Polizei wurde alarmiert, und ich wurde zum Hauptquartier gebracht. Ich war so froh darüber, daß der Weg zum Hauptquartier derselbe war, wie der, den ich sowieso hätte fahren müssen, selbst wenn die Fahrt sehr unbequem war: Schiff von Breskens nach Flushing und dann nach Middelburg, wo das Hauptquartier ist –, es hätte nicht besser laufen können. Der Polizeichef wäre ein sehr gerechter Mann, wenn er alle Kriminellen wie mich behandelt. Wir hatten eine nette Plauderei, bei der ich fast perfekt Holländisch lernen konnte. Es ist ein bißchen wie Deutsch mit Englisch gemischt und einer Prise Dänisch. Dann spricht man Holländisch wie ein Eingeborener. Meine Waffe ist unglücklicherweise beschlagnahmt. In diesem Punkt war die Polizei unnachgiebig. Aber meine Pfeife und meinen Füller durfte ich behalten. Gut, daß ich wieder freigelassen wurde. Wenn ich meinen Plan, bis Sonntag 22 Uhr in Kopenhagen zu sein, durchführen will, habe ich zu tun.

Mit Ruth und Fut in Haft, (Orig.: Med Ruth og Fut i Arrest), 23. August 1928

Ekstra Bladet

Holland ist schon was Besonderes, aber ach, kein Auto, das einen mitnimmt

Amsterdam war wundervoll mit all den Kanälen, die quer durch die Stadt laufen. Ich bin mit einem kleinen Touristenboot bis zur allseits bekannten Insel »Marken« gesegelt, wo alle Einwohner wunderschöne Trachten tragen, selbst kleine Kinder im Kinderwagen tragen Trachten. In Amsterdam war ich unterwegs, um mir ein Stadion anzusehen, in dem vor kurzem die Olympischen Spiele stattgefunden hatten, und da hingen Fahnen aller Nationen, sogar die dänische Flagge wehte mir entgegen. Die Nacht verbrachte ich in einem geheimnisvollen Seemannshotel, weil es sonst in Holland so teuer ist; ein Gulden kostet 150 Öre und ist nicht mehr als eine Krone wert.

7.22 bis 8 Uhr. Ich fuhr Richtung Groningen, aber erst nach Enkhuizen (56 Kilometer), mußte zirka anderthalb Stunden auf einem Schiff segeln, eine sehr schöne Reise, das Wetter war strahlend. Als ich in Stavoren an Land ging und wieder arbeiten mußte, hatte ich kräftigen Rückenwind, und die siebzig Kilometer bis Groningen waren eine tolle Fahrt. Komisch zu sehen, wie Holland dem Wasser »Land stiehlt«, indem es Deiche baut. Holland ist schon was Besonderes, mit all den kleinen Mini-Wassermühlen auf den Feldern, vielen lustigen Brücken über den Kanälen, großen Booten, die auf den Kanälen segeln, aber ach, kein Auto, das einen mitnimmt, und ich würde Freitagnacht so gern in Hamburg sein, weil Ruth Freitag Geburtstag hat, und ich hoffe meine Tante und mein Onkel sind zuhause. Jetzt fahr ich aus Bremen los und bin dann am Sonntag um 22 Uhr in Kopenhagen.

Ruth und Fut in Amsterdam, (Orig.: Ruth of Fut Amsterdam), 25. August 1928

Abbildung Seite 25: Ruth Berlau, 1941

2 Zwischen Wolkenkratzern …

New York

1942 – 1947

Mein Lehrer

In Madrid sagte mir Egon Erwin Kisch:
»Journalist willst du werden? Lerne tauchen!«
»Tauchen?«
»Tauchen unter die Leute. Beschreib was du
siehst und hörst!«

Später in Amerika konnte ich meines
großen Lehrers Rat befolgen und tauchte
unter die Leute.

Sie zeichneten sich sehr scharf gegen den Himmel ab, die Wolkenkratzer, in dieser Nacht in New York. Sie haben den Namen mit Recht. Sie kratzen an den weichen Wolken, so daß sich ihre Form ändert, und der junge Mond sah mit all seinem überlegenen Humor dabei zu.

Müde, trist und durstig stand ich da auf meinem kleinen Balkon. Da ich keinen anderen hatte, mit dem ich sprechen konnte, plauderte ich mit dem Mond.

»Das ist komisch«, flüsterte ich, »daß Chaplin die Wolkenkratzer nicht gern hatte.« Als er das erstemal nach New York kam, ein junger, unbekannter Zirkusartist, stand er da mit seinem kleinen billigen Koffer und fragte nach dem Weg. Nun sind ja die Straßen in New York nach Nummern eingeteilt, und wenn man nach dem Weg fragt, ist das ein bißchen merkwürdig, so daß ein New Yorker bestimmt glaubt, man will etwas ganz anderes. Chaplin bekam keine höfliche oder freundliche Antwort, und ihm war, als ob ihn die Wolkenkratzer drohend umringten. Seine kleine Gestalt nahm, als er uns das erzählte, eine entschlossene Haltung an: »Der einzige, der etwas über mein Talent und Genie wußte, war ich selber. So ist es, vertraue dir selbst, wenn du etwas zu sagen hast!«

Plötzlich sah ich, daß der Mond freundlich nickte: »Vertraue dir selbst!«

Ich flüchtete die Treppe hinunter. Ein kaltes Getränk und das Anschauen von Gesichtern, das war es, was ich nötig hatte. Wie war das wunderbar, das Hinaufschwingen auf einen Barhocker. Ich hatte mich in die Ecke gesetzt und sah die Gesichter im Spiegel, blasse Gesichter: Nimm-es-mit-der-Ruhe-Gesichter. Plötzlich wurde mir ein bißchen bang einzuschlafen – ich hatte den ganzen Abend fotografiert – eine Vorstellung von Bertolt Brechts »Galilei« mit Charles

Laughton. Selbstverständlich darf man in keinem Theater während der Aufführung fotografieren. So wurde ich oft hinausbugsiert und mußte mich immer wieder hineinschmuggeln. Aber Bilder mußten aufgenommen werden. Nun waren die Filme entwickelt und mußten trocknen, bevor ich die Bilder vergrößern konnte. Brecht war nach der Schweiz geflogen, sofort nach seinem Verhör vor dem Ausschuß für unamerikanische Betätigungen in Washington. Er hatte zwei Jahre an dieser Aufführung gearbeitet, so sollte er wenigstens Bilder seiner Inszenierung bekommen. Maskiert mit einer weißen Perücke oder mit Bärten, sogar Backenbärten, schmuggelte ich mich Abend für Abend in die Vorstellung. Oft kam ich mit Beulen nach Hause, die mir mein eigenes umgestoßenes Stativ geschlagen hatte. Es war ein gemischtes Gefühl: Eine Weile war ich begeistert über das Publikum, das so fasziniert von der Aufführung war und das Knipsen nicht duldete, auf der anderen Seite war es eine historische Aufgabe, gerade diese Inszenierung festzuhalten: Brecht – Laughton – Brecht. Brecht zweimal – der Autor und der Regisseur.

Entschuldigen Sie diese Einleitung, aber ich glaube, sie ist berechtigt, weil ich erklären will, warum ich in dieser Nacht in New York zu allem bereit war.

Als ich so da saß und nachrechnete, daß in einer Stunde und zwanzig Minuten diese Filme trocken sein müßten und am Morgen abgehen sollten nach der Schweiz – wisperte eine Stimme: »Willst du mir helfen?« (Es ist so wunderbar, in dieser lebendigen englischen Sprache existiert kein »Sie«.)

Geweckt aus meinem Halbschlaf mit dem Wort »*Hilf*«, sah ich in ein Paar ängstliche Augen: »Heute Nacht ist Aufnahmeprobe … hilf mir, bitte!«

»Helfen? Aber selbstverständlich.«

»Mach schnell, komm 'rein – hier.«

Müde wie ich war, begriff ich nur langsam, aber ich verstand doch, daß ich hinter die Barschranke mußte. Es war die Barfrau, die Hilfe brauchte. »Du verstehst, das ist die Chance meines Lebens: Aufnahmeprobe als Revue-Girl, jetzt, heute Nacht – auf Wiedersehen – du lernst es leicht, da sind die Eier, die mußt du nur reinknallen, und hier ist kalter Tee.«

Ich stand schon hinter der Bar, aber die Erwähnung von kaltem Tee in dieser späten – frühen Morgenstunde machte mich unschlüssig.

»Kalter Tee?«

»Hör zu, aber hör genau zu!« sagte die Barfrau (übrigens hieß sie Irene): »Willst du helfen oder nicht?«

Sie wartete gar nicht auf die Antwort, und so saß ich dort wie ein dummer August zwischen Gläsern, Flaschen, Zitronen, Eiern – merkwürdig, so viele Eier, Eier massenweise …

»Knall Eier 'rein, preß Zitronen, los mit viel Vitaminen.«

»Ach, ich schaff' es schon!« Ehrgefühl stieg in mir hoch. Doch ich schielte nach dem widerwärtigen kalten Tee.

»Sag mal, was soll ich damit?«

Verbissen erklärte Irene: »Du darfst nie nein sagen, wenn irgend jemand dich zu einem Drink einlädt – im Gegenteil, du kannst ab und zu andeuten, daß du Durst hast. Aber denk daran, daß du den kalten Tee schnappen mußt, der sieht aus wie Whisky …«

»Warum darf ich nicht lieber den Whisky schnappen?«

»Das hältst du nicht durch bis morgen früh … Schau her, hier unten steht die Flasche. Du siehst ja gleich, ob einer zwei Glas zahlt – jedenfalls schenk gleich zwei ein. Nach drei Uhr morgens fragt keiner mehr danach, und keiner protestiert.«

»Ich trinke aber nur Tee, wenn ich sehr krank bin«, gestand ich schamhaft. Sie verstand meine Abneigung gegen Tee zu so früher Stunde und stellte mir ein großes Glas Wasser mit einer delikaten kleinen Zitronenscheibe zurecht. Das sollte einen doppelten Gin vorstellen.

»Du Schaf!« sagte Irene plötzlich wütend zu mir und hängte sich ein Paar furchtbare Ohrringe an. Da sie aber meine Verstimmung spürte, sagte sie: »Ich liebe Schafe, denn dann stimmt die Kasse.« Jetzt funkelten die unechten Diamantohrringe in den schön geformten Ohren, aber da Irene mich Schaf genannt hatte, gestattete ich mir auch eine grobe Kritik: »Mit diesen Ohrringen wirst du nie genommen!« Irene schüttelte gerade einen Flip, fand aber doch Zeit, auf mich Schaf herabzuschauen: »Keine lebendige Seele schaut so hoch – nur die Beine zählen …« In ihrem Übermut hob sie die Beine auf die Barschranke und verlangte eine Beurteilung. Irenes Glaube an ihre schönen jungen Beine leuchtete durch die Bar, und keiner fand es merkwürdig, da es sich ja um einen Job handelte.

Sie war so rücksichtsvoll, ihren festen Kunden zu erklären: »Es ist eine Dänin, die meine Bar übernommen hat.«

Ich hatte das Gefühl, daß Irene meinte, ich sei schwach begabt. Sie behandelte mich mit süßem Verständnis, so wie man mit beschränkten, aber ehrlichen Leuten umgeht: »Also jetzt ist dir klar, wenn einer nicht weiß, was er trinken soll, und der Mann das Mädchen fragt, was sie trinken will, dann sagst du: Champagner. Dabei erklärst du, es ist das einzige Getränk, das keinen Kater macht, der Tag morgen ist gerettet – du weißt Bescheid.«

Sie war fort. Nun war ich allein mit dem kalten Tee und den Gesichtern. Doch einen Augenblick später kam sie im Mantel zurück. Der Hut war nur eine Feder, die wippte, während sie mir den letzten inspizierenden Blick schenkte.

»Denk an mich«, wippte die Feder.

»Denk bitte du an mich!« sagte ich mit leisem Vorwurf, »und komm bald zurückt!«

Ich schaufelte Dollars für Gin und edlen Champagner, aber auch für kalten Tee. Ich legte das Geld für den »kalten Tee-Gin« beiseite, weil ich es behalten durfte, und paßte gut auf, daß alles bezahlt

Ruth Berlau (links) mit Freunden in New York

wurde. Es gab weder Registrierkasse noch Bon oder Rechnung, nur eine Liste mit den Preisen dieser Wundergetränke gab es und eine Schublade, in der sich die Scheine häuften.

Ich amüsierte mich wunderbar, jetzt, wo ich Alleinherrscher hinter der Schranke war. Ich spielte mit einem elektrischen Star-Mixer, es brodelte und zischte. Meine Kunden waren milde und glückselig, aber nicht betrunken, und langsam probierte ich aus: »Denk mal, ich bin so durstig!«

Übrigens, die Frauen waren sehr verständig, vielleicht weil sie nicht zu zahlen brauchten. Beim geringsten Zögern ihres Begleiters sagten sie sofort: »Prost auf die Barfrau!« Und der kalte Tee füllte mein Glas.

Das ganze war himmlisch problemlos. Aber ab und zu sah ich vor mir meine Filme hängen, dann wieder zählte ich meine »Tee-

Gelder« und rechnete aus, wie viele Filme und wieviel Fotopapier ich kaufen könnte, vielleicht sogar eine neue Linse für den Vergrößerungsapparat.

Ein kleiner kräftiger Mann kam herein und drängte sich zur ersten Reihe vor. Er sei Seemann, erklärte er bald der ganzen Bar. Ich hatte es schon erraten: Eine gewisse Wasser-Wetter-gebräunte Haut, schwere Hände und der Geruch von Salzwasser und dann dazu sein neugieriger Kopf. Er konnte nur ein Mann des Meeres sein. »Gib mir für 25 Cents Frieden«, sagte er und legte tatsächlich 25 Cents auf den Bartisch.

»Ich will Frieden haben, dreimal haben sie uns torpediert.«

Jetzt war ich daran, einen Drink auszugeben. Dann fragte er leise: »Sag mal du, wo ist die Hosenlose?«

»Ich glaube, sie kommt heute abend nicht«, log ich, denn ich hatte das Gefühl, es wäre besser, wenn er nach Hause ginge, aber den Namen »die Hosenlose« vergesse ich nie.

»Was bist du für einer?« fragte ich.

»Die Hosenlose weiß Bescheid.«

Ich bekam Minderwertigkeitsgefühle, als ob meine Hose mir lästig würde. In diesem Augenblick erschien eine wunderbare Frau, ein echter Broadway-Stern für Seeleute. Mit gescheitem Blick übersah sie die ganze Situation, griff unseren Seemann um die Schulter, aber im selben Moment legte ein Mann die Arme um sie und flüsterte ihr, nicht besonders diskret, zu, daß der Seemann keinen einzigen Cent besitze. »Ach, ich mag ihn«, sagte sie und machte sich frei. »Hast du Bier?« fragte sie mich, »oder ist diese Bar zu fein für dieses liebliche Getränk?« Sie trank, und es blieb nicht bei einem Glas. Sie machte mich vertraut mit den Vorzügen der Seeleute: »Weißt du, kann sein, daß er jetzt keinen Cent hat, aber auf die kann man sich verlassen, darauf kannst du fluchen.«

Da stand plötzlich ein schlanker Herr mit pomadisiertem Haar und schwarzen Plüschaugen. Er hätte mir eigentlich sofort Mißtrauen einflößen sollen, aber ich schlug gleich mit professionellem Lächeln vor: »Champagner-Cocktail! – dann ist der Tag morgen gerettet.« Da er nicht reagierte, vergaß ich ihn.

»Champagner!« Links und rechts schlug ich vor: »Champagner«. Dann sah ich wieder diese schwarzen Plüschaugen. Ich muß gestehen, daß ich nicht die ganze Nacht nur kalten Tee und Zitronenwasser getrunken habe. Zwar hatte ich Irene versprochen, mich nicht zu betrinken, aber alles hat seine Grenzen. Immerhin sah ich noch, daß die Plüschaugen einen Smoking anhatten. Langsam, aber bestimmt hob er die Klappe von meinem Tisch: »Wo ist Irene?« fragte er mit einem säuerlichen Lächeln, »nicht daß ich ärgerlich bin, es geht ja gut!«

Ich schielte zur Kasse, und mir schwebte etwas Furchtbares vor. Vielleicht war er ein Kassendieb. Und tatsächlich, er zog die Geldschublade auf. Jetzt standen wir einander gegenüber wie ein Torero und der Stier – ich murmelte irgend etwas, ob es nicht besser wäre, wenn der Herr sich vor der Schranke aufhielte.

»Vielleicht darf ich mich vorstellen.« Er spielte mit seinen schlanken Händen, an denen ein Diamantring mich störte: »Ich bin nämlich der Chef hier.«

Ich war so verwirrt, daß ich sagte: »Sei unbesorgt, es geht ja ganz gut ...«

Die Bestellungen sausten um meine Ohren, ich knackte Eier, schüttelte Cocktails mit dem elektrischen Meisterwerk, preßte Zitronen und munterte alle, die am Leben und an der Zukunft zweifelten, auf. Aber gemütlich war es nicht mehr mit dem Smoking-Diamantring im Hintergrund. Er saß und trank Eiswasser. Er war unheimlich – ein Gangster – wirklich. In einer Pause fragte der Smoking: »Wer bist du?« Einer meiner besten Kunden, ein Schwede, ersparte mir die Antwort: »Ha, was ist das für ein Quatsch, morgens um 5 Uhr zu fragen, wer bist du?« Er begann eine Diskussion und schwang sein Glas: »Es lebe Strindberg!«

Ich bekam viele Freunde in dieser Nacht. Als Irene endlich zurückkam, mit funkelnden Augen und klingelnden Ohrringen, setzte ich mich zurecht, als der Chef das Verhör begann.

»Was ist dir eingefallen, das Ganze einer Fremden zu überlassen?« Dabei zählte er die Gelder. Irene war so übermütig, daß ich mir sofort sagte, ihre Beine haben gesiegt.

Und wirklich, statt zu antworten, schmiß sie die Beine so hoch, daß sie in bedrohliche Nähe der zarten Nase des Chefs kamen. Dann schwebte sie hinaus, und ich saß da.

»Sie sind engagiert«, sagte der Chef, einen dicken Stoß Dollarscheine in der Hand, »die Leute mögen Sie, und das ist wichtig in einer Bar.«

Das ist der Anfang vom Ende, dachte ich, als ich um 5 Uhr 33 hinaufwackelte zu meiner dritten Etage in der 57. Straße. Da hingen sie, die Filme, vorwurfsvoll. Ich nahm eine kalte Dusche, vergrößerte dann die Bilder – niemals habe ich mit mehr Vergnügen Vergrößerungen gemacht. Punkt 7 Uhr lief ich zum Postamt und steckte den Umschlag mit den Bildern ein. Oh, dieser kleine Plumps, wenn so ein Umschlag hinunterfällt …

Was für ein Morgen, welche Wolken – und welche Wolkenkratzer – und dann hatte ich einen Job, einen richtigen, echten Job, ich war Barfrau in New York.

Meine Zeit als Leierkastenfrau

Es war wieder einmal soweit, daß ich ein bißchen verdienen mußte.

Unten im Hof meiner New Yorker Wohnung spielte ein Leierkasten. Ein kleiner Affe im grünen Samtanzug betrachtete die Umgebung – es war klar, daß er unzufrieden war: hier war nichts herauszuholen. Nichts. Auch mich schaute der Affe vorwurfsvoll an. Da rief ich hinunter: »Kommt herauf, ich habe hier einen warmen Kaffee!« Dann kamen sie herauf – der Affe führte. – Der Leierkastenmann war alt und müde, halb blind.

Ich habe ihm Ruhe gelassen, bis er nach der zweiten Tasse Kaffee erwähnte: »Zehn Prozent muß ich haben.« Er fügte hinzu: »Setz dich, Colorius!«

Colorius war der kleine vornehme Affe, er setzte sich in meinen Schaukelstuhl. – Ich hatte das Gefühl, ich würde völlig durchschaut von Colorius, und erwähnte, daß ich die Leute nicht verstehe, die sich beleidigt fühlen von dem Gedanken, daß wir Menschen von den Affen abstammen. Der alte Leierkastenmann sagte still: »Ich bin nicht hergekommen, um philosophische Gespräche zu führen, hab' auch nicht gesagt, daß ich die Menschen hasse – nur, daß ich Tiere liebe. – Also, zehn Prozent!«

Colorius rasselte mit Geld – erst jetzt sah ich, daß er in seinem grünen Samtanzug einen Geldbeutel eingenäht hatte. Er war mit Leder gefüttert und schmiegte sich eng an den kleinen Bauch.

Der alte müde Leierkastenmann wollte seinen Leierkasten vermieten für diese zehn Prozent.

Mit unserem Leierkasten zogen wir los, Colorius und ich.

Es war keine Liebe auf den ersten Blick – da war Colorius genau. Er schaute sich seine Leute an. Auch das Geld gab er nie her, das lag in seinem ledernen Beutel am Bauch. Die Abende mit Colorius zähle ich zu meinen schönsten.

Da lernte ich viel, weil Colorius mich genau nachahmte. – Wenn ich las, nahm er auch etwas zum Lesen, betrachtete mich aber immerfort dabei.

Morgens zogen wir los – in Gassen und Höfe. Zu meinem Erstaunen sah ich, daß Colorius immer die Bessergekleideten bevorzugte. Wenn wir dann müde nach Hause kamen, lieferte er mir begeistert eine fette Geldtasche ab oder ein Portemonnaie. Daß Colorius ein wohlerzogener Affe war, wußte ich – aber wo hatte er gelernt, so gut zu stehlen? Ich konnte es doch nicht abliefern bei der Polizei. Damit hätte ich Colorius denunziert. So schickte ich die Geldtaschen und Portemonnaies zurück – anonym.

Meine Zeit als Reinemachefrau in New York

Ich las in der Zeitung, daß man skandinavische Reinemachefrauen benötigte. Also: Sauberkeitsimport aus Skandinavien. Warum nicht? – Ich verstand das, man meinte, die Skandinavier sind sehr reinlich, die können schrubben. Ich meldete mich. Die amerikanische Frau sagte mir: »Ja, stellen Sie sich vor, diese Negerfrauen, die man hier kriegen kann, die sind ja so dreckig, so unglaublich dreckig. Hier haben Sie zu tun, nach diesen Negerinnen reine zu machen.«

Natürlich – ich hatte nicht viel Zeit, ich war beschäftigt mit Schreiben und Fotografieren – aber Geld hatte ich auch nicht – und darum war ich da.

»Schauen Sie sich das an, wie schmutzig alles ist – Sie verstehen mich, ich habe hier nur Schwarze gehabt zum Reinemachen. Hier ist der Staubsauger, hier sind Scheuerlappen, ich überlasse Ihnen das alles, Sie sind ja aus Skandinavien.«

Da saß ich, aber ich rief hinter ihr her: »Wieviel?«

»Ja, was verlangen Sie denn?«

»Zwei Dollar die Stunde!«

»Aber selbstverständlich.«

Ich rechnete nach: Für zwei Dollar konnte ich ein paar Filme kaufen, ich konnte wieder arbeiten. Aber eine Sache wußte ich nicht: daß man eine Tür von oben nach unten scheuert. Ich fing an – ganz falsch. Auch das lernte ich, und ich bekam meine zwei Dollar in der Stunde.

Als ich nun so da saß und Staub saugte – ich gebe zu, daß ich bei der Arbeit saß; das Wichtigste war, daß der Staubsauger summte – klingelte es. Da ich gerade meinen Mittagsschlaf hielt, war es mir nicht angenehm. Doch ich ging aufmachen. Da stand eine himmlische Person.

Ich sagte: »Hallo!« – und sie sagte: »Ich bin Mary.«

Langsam wachte ich auf und sagte: »Ich bin die neue Reinemachefrau.«

»Ich habe ein Buch hier liegen lassen«, sagte Mary jetzt.

»Na, bitte, suchen Sie sich was heraus, nach meiner Meinung gibt es hier nichts Vernünftiges zu lesen.«

»Aber mein Sohn ist jetzt sechs Jahre alt, er liest und liest – Brillen habe ich ihm besorgen müssen –, und ich dachte, jetzt mit sechs könnte er ›Onkel Toms Hütte‹ verstehen.«

Mit »Onkel Toms Hütte« gingen wir fröhlich aus der Wohnung hinaus. Wir fuhren nach Harlem, ins Negerviertel, wo Mary wohnte. Ich trat in Marys Wohnung ein – und so rein hatte es keine Dänin. Der sechsjährige Sohn ließ sich nicht stören, nur ein kurzes höfliches »Hallo«, und er las weiter. In dieser kleinen Negerwohnung war kein Staub, kein Fingerabdruck an der Tür. Hier war es frisch und rein.

Ich wagte die Frage: »Mary, warum konntest du dort nicht ein bißchen sauber machen?«

»Warum denn? Für 80 Cents in der Stunde? Mich haben die Leute da behandelt wie ein Nichts, da hatte ich keine Lust, ihren Staub zu fressen.«

Nachdenklich fuhr ich zurück zu den Leuten, die mich bezahlten: Wer war da dreckig?

Staub und Literatur gab es dort. Das Komische war, daß der Mann im Hause ein Schriftsteller war, und ich verdiente meine zwei Dollar beim »Literatur diskutieren«. Wie schreibt man – und vor allem warum?

Diese letzte Frage machte ihn völlig verwirrt: »Natürlich für Geld.«

Und meine Frage: »Macht denn das Spaß, ist das lustig, nur für Geld zu schreiben?«

Seine Antwort, naiv: »Alle schreiben für Geld!«

Na, dann klopfte ich die Kissen, reinigte die Türen, staubsaugte die Matratzen.

Doch einen kleinen Spaß hatte ich: Die Frau war kurzsichtig, und wo war ihre Brille, wenn sie nach Staub suchen wollte? Weg! Sie suchte und suchte. – Der Staub war da, aber die Brille nicht.

Wieviel Staub nimmt man für zwei Dollar in der Stunde weg?

Über wieviel Literatur diskutiert man für zwei Dollar?

Die New Yorker sind die einsamsten Leute der Welt. Und sie hassen alle New York. Wenn ich sie frage, wo sie denn lieber wohnen würden, antworten sie meistens: »In Kalifornien«. Oder sie wollen nach Hause, das ist dann Texas, Iowa oder irgendeiner der 47 anderen Staaten. Aber eigentlich wollen sie das auch wieder nicht, wenn man sie auf Herz und Nieren prüft, weil sie sich dann mit ihren Familien herumschlagen müßten, was ihnen ebenfalls verhaßt ist.

Das Wort, das man in New York am meisten hört, ist »Job«. Die New Yorker hassen ihre Jobs und sind ewig auf der Jagd nach einem neuen.

Ich übertreibe nicht, wenn ich sage, daß über die Hälfte aller New Yorker kein Heim haben; sie mieten sich alle beieinander ein, in möblierten Wohnungen. Wie ein Heuschreckenschwarm. [...]

Es scheint, als wollten sich die meisten Leute unbedingt in New York niederlassen, wenn man nach der Wohnungsnot urteilt. Eine Wohnung ist weit und breit nicht aufzutreiben. Die vorhandenen Wohnungen fallen zusammen, denn natürlich rührt kein Hausmeister einen Finger.

Die Einteilung von New York in numerierte Straßen ist ja sehr praktisch. Aber wenn man gerade ankommt und nach dem Weg fragt, dann heißt es nur »1 hinauf und 2 Ost«, oder »4 herunter und 3 West«. Macht man den Fehler, dabei zu lächeln, dann ist alles aus, dann kriegt man überhaupt keine Antwort oder alle möglichen Bemerkungen. Man lächelt nicht in New York.

An und für sich ist auch kein Grund zum Lächeln vorhanden, da der Preis für die Nahrungsmittel seit 1946 um vierzig Prozent und für Kleider um zwanzig Prozent gestiegen ist, und das ging offiziell von Präsident Truman aus, während die Löhne heruntergegangen sind.

Die meisten New Yorker leben davon, für einander Reklame zu machen. Wen ich auch frage, immer arbeiten die Leute im »Advertisement-Business«, vom Reklame-Direktor bis zu dem Mann, der zu allerletzt das Plakat aufklebt. Man wundert sich manchmal, was wohl ein Pfund Kaffee kosten würde, wenn nicht Tausende von Menschen für die Kaffee-Reklame eingesetzt worden wären. Übers Radio, wo doch jede Minute so teuer ist, von den Flugzeugen, die am Himmel den Namen des Kaffees schreiben, bis zu den Zeichnern, Fotografen, Typografen und so weiter.

Von den Tausenden von Reisenden gar nicht zu reden, die dafür bezahlt werden, daß sie mit etwa zehn auserwählten Reklameplakaten von Tür zu Tür gehen und das »Publikum« ausfragen, welches Plakat oder welcher Slogan am besten »sitzt«.

Häufiger wird das Wort: »Cleave« gebraucht. Eine Kaffeemarke, eine Seife oder eine Tabakmarke sollen sich in das Gehirn der Leute so hineinkleben, daß sie gar nichts anderes hervorstottern können, wenn sie einkaufen gehen. Dann ist das Ziel erreicht. [...]

Ein anderer Teil der Bevölkerung New Yorks lebt davon, sich gegen alles zwischen Himmel und Erde, Leben und Tod, zu versichern. Nur gegen eines kann man sich nicht versichern, nämlich, daß man eines schönen Tages die Versicherungssumme nicht mehr bezahlen kann.

Dann gibt es noch die große Zahl von Künstlern, die sich durch das Leben hungern. Den Musikern soll es am schlimmsten gehen, höre ich, aber auch Maler, Schriftsteller, Journalisten, Fotografen ersticken im Kampf, sie beugen sich endlich und verschwinden im »Advertisement-Business«, wo es noch Platz für sie hat. Es gibt aber doch ein paar Talente, die standhalten, das heißt, die lieber Selbstmord begehen, als für Chesterfield Reklame zu machen.

Es ist unglaublich, wie viele Schriftsteller im Reklamegeschäft tätig sind, das heißt, in Magazinen und Verlagen, wo sie zuerst versucht haben, ihre Manuskripte unterzubringen. In New York ist es nämlich gar kein Spaß, ein armer Künstler zu sein. In Paris ist doch ein gewisser Glanz dabei; man kann mehrere Stunden, ja ganze Tage, über einem Café au lait sitzen; in New York wird dir die Kaffeetasse unter der Nase weggezogen und der Tisch außerordentlich gründlich abgetrocknet. Alles genau drei Minuten später, nachdem man entdeckt hat, daß es deine letzten zehn Cent waren, die du da investiert hast. Und das kann man, jeder riecht den Braten. Man behauptet nämlich, daß die New Yorker ihren Geruchssinn so gezüchtet haben, daß sie in einem Abstand von zwei Metern riechen, wie viele Dollarscheine einer in der Tasche hat. [...]

Ein Millionär hingegen kann den besten Tisch besetzen und dort stundenlang mit seiner warmen Milch und dem Zwieback (der berühmten Millionärsspeise) verweilen, ihm traut sich keiner zu nahe zu kommen. Aber selbst die billigsten Cafés haben jetzt Plakate aufgehängt: »Kaffee mit Mahlzeit 5 Cent – Kaffee ohne Mahlzeit 10 Cent.« Sie wollen in ihren Lokalen keine Leute haben, die über einer Tasse Kaffee hängen bleiben. Nein, das Einzige, was arme Leute machen können, ist, die Untergrundbahn zu nehmen, die billigste Zufluchtstätte gegen Kälte, das billigste Nachtquartier. Da kann man die ganze Nacht hin und herfahren für fünf Cent; aber auch da soll jetzt der Preis steigen. Alles steigt. [...]

Und dann kostet es heutzutage 25 000 Dollar, einen Mann Kommunist zu nennen, wenn er es nicht ist; wenn er wirklich Kommunist ist, kostet es ihn die Stelle, und er wird mit seiner Familie auf die Straße gesetzt. [...]

Am bittersten ist es für mich zu sehen, wie die Amerikaner ihre alten Leute behandeln. In Europa wächst man auf mit einem tiefen Respekt vor dem Alter, hier trifft man eine tiefe Verachtung für das Alter. [...]

Und wie viele Male es auch ausgesprochen sein mag und wie banal es auch klingt: Es gibt nur eines, das Wert hat, nur eines, vor dem man sich beugt, nur eines, das wirklich begehrt ist: das Geld. [...]

Die Unsicherheit weht wie ein kalter Wind durch New York. Sie zieht selbst durch die teuerste Draperie in der Park Avenue und bringt jeden dritten New Yorker zu einem Nervenzusammenbruch, und sie weht hinaus, in die bis zum Skandal gefüllten Irrenhäuser. Jeder zweite Mensch läßt sich psychoanalysieren. Eine Büroangestellte oder eine Verkäuferin, die 23 Dollar in der Woche verdient, zahlt wöchentlich zehn Dollar, um von einem Psychoanalytiker zu hören, daß sie einen »Superman-Komplex« habe. Was sie dann sofort will, das ist ein starker Mann, der sie beschützt. Ich habe mit den besten Psychoanalytikern gesprochen, die Gruppen-Psychoanalyse eingeführt haben, wo zwanzig Menschen auf einmal analysiert werden, was nur fünf Dollar kostet. Und es sieht so aus, als ob es vielen hilft, wenn sie sich einmal über ihre Angst aussprechen dürfen. Aber könnten sie das nicht viel besser bei einer Tasse Kaffee besprechen? Nein! Keep smiling! Man spricht nicht über seine Sorgen und seinen Kummer, meistens, weil alle Leute es so wahnsinnig eilig haben. Die Menschen hasten auf und ab, in die häßlichen Untergrundbahnen, in die Autobusse, eilen, stoßen aneinander, mit einer Vitalität und Kraft als gälte es einem Reklamegeschäft. Am Weekend ist die Luft mit einem Knall raus, wie aus einem Ballon: Man schläft. Man kauft zwei Pfund Zeitungspapier für 15 Cent, wovon man aber nur die humoristische Seite liest, die übrigens gar nicht mehr so humoristisch ist. Auch sie predigt, man solle nur arbeiten, dann komme man schon vorwärts. Die Comicfiguren kennt man seit Jahren, das sind eigentlich die einzigen alten Freunde, die man hat, mit denen schläft man ein, bis zum Montagmorgen. Dazwischen, aber nicht zu oft, denn dazu fehlt einem das Geld, hat man, was man »A good time« nennt. Das ist etwas sehr Wichtiges, beinahe so wichtig, wie einen Job zu haben. »A good time« kostet, wenn man zu zweit ist, 25 Dollar. Für feine Leute einhundert Dollar. Ein Theaterbillet kostet von vier Dollar an aufwärts. Ein gutes Abendessen ohne Wein bekommt man nicht unter vier Dollar. In einem Selbstbedienungsrestaurant kann man für sechzig Cent essen, aber eine Stunde später ist man wieder hungrig. Und dieses Selbstbedienungsrestaurant wird natürlich nicht dazu gerechnet, wenn man »A good time« haben will. Meistens besteht »A good time« darin, daß man sich besäuft und schlechtes Bier trinkt. »Liquor« spielt eine enorme Rolle in New York. Man kann sagen, was man will, es ist nichts kleinlich bei den New Yorkern: sie geben ihren letzten Cent weg, um »A good time« zu haben. Sie mischen sich nicht in anderer Leute Angelegenheiten. Wenn man abends nach Hause kommt und es im Treppenhaus nach Gas riecht, stopft man sein Schlüsselloch zu. Wenn der Mann da unten sterben will, so hat er seine Gründe: Es lebe die Privatinitiative, es lebe die Freiheit! Wenn man wünscht, das Heute ganz zu erleben, so ist New York die richtige Stadt dafür. Diese schöne Großstadt, wo die Herzen im Wettstreit mit der Uhr klopfen, wo nur jetzt alles auf dem Spiel steht, gerade jetzt. Keiner sieht vorwärts und keiner getraut sich zurückzuschauen. Man kaut krampfhaft Kaugummi, der, würde man ihn auseinanderziehen, die ganze Erde umfassen könnte. Und der Chef der Reklamegeschäfte, Präsident Evans Clarke meldet: »Der Reklameverband will einhundert Millionen Dollar für einen Reklamefeldzug investieren, um zu beweisen, daß das amerikanische ökonomische System den höchsten Lebensstandard und der Welt die größte Freiheit gebracht hat.«

Aber die New Yorker flüstern einander zu: »Was wir benötigen, ist ein Marshall-Plan für New York.«

Eines Tages klingelte es kräftig. Da ich gerade in der Dunkelkammer beschäftigt war, wollte ich nicht aufmachen, konnte im Moment auch keinen Besuch gebrauchen. Es klingelte und klingelte. Ich lauschte: ging denn der Eindringling nicht weg? Keine Schritte, keine Schritte, die weggingen, nein.

Natürlich dachte man immer: vielleicht ist was los, ein Genosse braucht dich!

Ich mußte aber erst sorgfältig die lichtempfindlichen Fotopapiere schwarz einpacken, die noch im Entwicklungsbad liegenden Bilder ins Fixierbad legen – dabei klingelte es unentwegt.

Ich nahm die Arbeitsschürze ab und machte auf. Meine Augen waren noch von der Dunkelkammer lichtempfindlich, aber ich sah eine lange, magere Gestalt, nur eine. So konnte es wohl dieses Mal nicht die FBI-Polizei sein, die kamen immer zu zweit. Sein Regenmantel war nicht gerade neu, seine Schuhe armselig, und er stand vor mir mit dem Hut in der Hand: »Hallo, ich möchte Sie was fragen: Haben Sie ein Radio? Ich bin nämlich vom Rundfunk ...«

Er war patschnaß vom Regen – schnell kalkulierte ich: also kein Wagen, kein gutbezahlter Spitzel.

»Kommen Sie herein, und sagen Sie mir, was Sie auf dem Herzen haben.«

Zunächst einmal brach er in meinem Schaukelstuhl zusammen. Ich holte Whisky.

»Sie sind ein freundlicher Mensch, ich bin fix und fertig! Da habe ich endlich einen Job bekommen, aber was für einen!«

Jetzt war ich langsam gespannt. Er aber zog die nassen Schuhe aus, trank einen Schluck Whisky, schaute die nassen Schuhe betrübt an und sagte: »Ich bin Kultur-Prüfer.«

Er sah so mager aus, daß ich tatsächlich in die Küche ging und ein paar Brötchen machte. Als er gegessen hatte, raffte er sich zusammen: »Darf ich in Ihren Radio-Apparat dieses kleine Ding hineinsetzen?« Er nahm aus seiner Mappe einen ganz kleinen Apparat. »Es ist ein kleines Ding, das zeigt, was Sie hören, und vor allem, wann Sie ausschalten. Es zeigt den Rundfunk-Leuten, was die Leute interessiert. Und, sehen Sie, es ist auch wichtig für die Firmen, egal, ob sie nun Käse, Kaffee oder Seife herstellen, die bezahlen ja doch den Rundfunk. Sie müssen wissen, ob die Leute sich die Reklame anhören oder gerade dann ausschalten.«

Er schaute wieder traurig auf die nassen Schuhe, die ich zum Heizapparat gestellt hatte, nahm einen Schluck Whisky, schaute mir in die Augen und schüttelte den Kopf. »Die Leute wollen es aber nicht, mein Ding hier wollen sie nicht, und ich bekomme nur das bezahlt, kein festes Gehalt ...«

»Und warum wollen die Leute es nicht, es kostet sie ja nichts?« fragte ich.

»Na, die betrachten es wie eine Art Zensur – und in die feinen Häuser lassen sie mich gar nicht erst herein, kommt für Park Avenue nicht in Frage ... Wollen Sie mein Ding?« fragte er traurig.

Ich schüttelte den Kopf: »Nein, danke, nein!«

»Sehen Sie, so ist es, ich sage ja auch, warum soll ein vernünftiger Mensch sich kontrollieren lassen? Da gibt's doch genug aufgezwungene Kontrolle; jeder Mensch wird von hinten und vorn kontrolliert! Also Sie wollen mein Ding auch nicht?«

Lieber Leser, staune nicht, daß ein Fremder seine Schwierigkeiten gerade mir mitteilte. Das ist ja gerade unser Beruf als Reporter: die Leute zum Erzählen bringen durch aufmerksames Zuhören. Doch fragte ich: »Warum erzählen Sie mir das alles?«

Die Antwort war erstaunlich: »Ich habe keinen Hund, sonst würde ich es meinem Hund anvertrauen – soll ich es dem Mond erzählen?«

»Dann will ich aber auch *alles* wissen – warum sind Sie gerade als ›Kulturprüfer‹ tätig?«

»Ungelernt und unstudiert, nie eine Chance gehabt, etwas Ordentliches zu lernen, einen echten Beruf – da muß man halt nehmen, was vor die Hunde geworfen wird!«

Er ging zum Heizapparat, zog die noch nassen Schuhe wieder an und sagte ernsthaft: »FEIERABEND – da mache ich nicht mehr mit! Wenn ich eine Türglocke sehe, wird mir ja schon schlecht, das Betteln, Aufdringlichsein – und ich frage Sie, wofür? Für die Käse-, Kaffee- und Seifen-Firmen? Da ist doch nichts drin! Ich höre an Ihrer Sprache, Sie sind hier fremd – übernehmen Sie es, man sucht Frauen als Kultur-Prüfer.

Ich gehe nach Texas zurück, da habe ich einen Freund mit einer kleinen Benzin-Tankstelle, da kommen wenigstens Leute zu uns, die Benzin wollen. Zwar ist an jeder Ecke eine Benzin-Tankstelle: Konkurrenz! Aber über der Garage kann ich schlafen und ich brauche mich nicht so tief zu verbeugen und zu erniedrigen! Wo bleibt das Rückgrat, wenn man sich immer verbeugen muß? Eine Laus wird man! Mir kommt es so vor, als ob ganz New York davon lebt, sich zu versichern. Versicherungsagent war ich auch einmal: wieder Türglocke, klingeln, Hut in der Hand, alle lassen sich versichern gegen *alles* ...«

Bei diesem Monolog hatte er sich die Schuhe wieder angezogen – ein Schnürband war entzwei. »Versichern oder rasieren lassen sich alle; Barbier sollte man gelernt haben ...«

Er nahm wieder einen Schluck Whisky: »Annoncen-Agent war ich auch ... Das ist es nämlich, nicht nur vom Versichern, auch vom Annoncieren lebt ganz New York! Ich sage Ihnen: alles Schwindel! Doch bin ich kein Kommunist, vielleicht aber treiben die mich so weit – geben Sie zu, ist das ein Leben? Da stimmt doch war nicht! Die Unsicherheit macht die Leute verrückt – von Sonnabend bis

Montag bist du wieder mal arbeitslos, nein, da stimmt was nicht«, wiederholte er, »glauben Sie mir!«

Ich glaubte ihm. Resigniert zog er seinen Regenmantel an. »Dies«, sagte er, »ist meine letzte Station als deren Käse-Kultur-Prüfer – wollen Sie es übernehmen? Hier ist die Adresse ...« Dann schaute er mich prüfend an: »Machen Sie aber Ihre Nägel rot, knallrot, auch die Lippen ...«

Verschwunden war er, wie so viele, die sich Plattfüße laufen und klingeln müssen mit dem Hut in der Hand, ob nun als Annoncenwerber oder für Versicherungen oder um irgend etwas zu verkaufen – ich kannte sie alle, die Armseligen ohne Zukunft. Aber dieser neu erfundene Beruf als KULTUR-PRÜFER wäre doch etwas für mich? Könnte ich dabei nicht viele Leute kennenlernen?

Am nächsten Tag war New York in Nebel gehüllt, aber ich ging los, meinen neuen Job zu suchen. Von meiner reichen, norwegischen Freundin hatte ich einen Blaufuchs ausgeliehen und Ohrringe, an meinem Hals klimperte eine dicke, goldene Kette, an meinen rot lackierten Fingern leuchteten Ringe: ich bekam den Job als KULTUR-PRÜFER.

Mir hat keiner die Tür versperrt – dem Blaufuchs und der goldenen Kette öffneten sich *alle* Türen. Dazu muß ich sagen: ich habe in der *feinen* Gegend angefangen, dort, wo Blaufüchse geschätzt werden. Die Herrschaften waren da sehr vergnügt: in ihrer tödlichen Langeweile nahmen sie mich auf als eine willkommene Zerstreuung. Sie schüttelten Cocktails und sprachen mit mir über meine Heimat, Dänemark.

Mein kleines Prüf-Ding wurde dabei zur Nebensache: »Na, selbstverständlich! Ich werde meiner Firma das auch empfehlen; diese teure Radio-Reklame, da muß man doch wissen, ob es sich lohnt; sogar die Luft ist teuer, ha, ha, ha ...«

Das Prüf-Ding war so gut gemacht, daß es sich in knapp einer Minute einsetzen ließ. Die Unterschrift des Empfangs war eine

Formsache, auf ein vorgedrucktes Formular – doch nicht für mich, jede Unterschrift waren fünf Dollar!

Viele derartige Besuche konnte ich aber doch nicht aushalten: Wenn ich drei durchführte, war ich schon magenkrank.

Stellen Sie sich vor, wie die Leute da leben: größter Luxus, mindestens zwei Autos, und dazu die Einstellung: »Nigger«, und sie grinsen hinter ihren eigenen Dienern her; gegen Juden waren sie auch.

So kam zum Beispiel mal das Gespräch auf das Theater. Brecht hatte für Elisabeth Bergner Websters »Die Herzogin von Malfi« übersetzt, bearbeitet und inszeniert. Ich hatte es fotografisch festgehalten, dieses große Theatererlebnis – hier in Park Avenue wurde es abgefertigt mit einem »Ja aber, sagen Sie, ist sie nicht Jüdin?«

Nun suchte ich eine andere Schicht auf – die KLEINBÜRGER. Immer schaute ich mich um, ob nirgends ein Buch zu finden war, nein!

Auch hier war es leicht, ins Gespräch zu kommen, aber worüber! So etwas von Interesselosigkeit! Ins Theater ging man nur, weil man dieses oder jenes gesehen haben mußte. Bei meinen Betrachtungen taten mir am meisten die Kinder leid: Dauerwellen und Lippenstift, aber kaum zehn Jahre alt. Ein kleines Mädchen zeigte auf den Hausherrn: »Das ist doch nicht mein Vater, nein, mein Vater ist verschwunden – der da ist der dritte bei Mutter!«

Auch unter den Kleinbürgern herrschte große Angst vor Arbeitslosigkeit. Selbst die kurze Zeit, wo ich da war, klingelte es mehrmals: Rechnungen, Rechnungen – Abzahlung – alles auf Abzahlung genommen, vom Kühlschrank bis zum Staubsauger. Selbst der Stuhl, auf dem ich saß, wurde mir weggezogen, und die Frau stand weinend da.

Abends, wenn ich durch die Stadt ging, schaute ich auf die Wolkenkratzer. Wie schön wäre die Stadt, wenn die Häuser für Menschen gebaut worden wären, aber alles Geschäfte, Geschäfte!

Einen Monat sollten diese kleinen, eingebauten Dinger im Radio-Gerät bleiben. Sie zeigten genau die Zeiten an und bei welchen Sendungen die Leute das Gerät ein- oder ausschalteten.

Typisch war, daß niemand gern hörte, wenn es den Menschen *gut* ging. In diesen Käse/Kaffee-Hörspielen mußte es den Menschen *schlechter* gehen als ihnen selbst. Unser Kontroll-Ding zeigte an, wenn die armselige Heldin endlich heiratete und glücklich wurde, dann wurde abgeschaltet. Unglück wurde angenommen, Glück aber nicht.

Soweit die KLEINBÜRGER.

Zwischen die Arbeiter ging ich als HÖKERFRAU.

Meine Zeit als Schülerin bei der habgierigen, einbeinigen Hökerfrau

Durchs Fenster sah ich sie, meine Hökerfrau. Ihre Fenster waren so – ja, um es fein auszudrücken – schmutzig, daß sie nur da saß wie ein grauer Schatten, sonst hätte ich mich vielleicht gar nicht hineingetraut. Es war ein Kellergeschäft. Das Schild aber lockte mich: KAUFE UND VERKAUFE ALLES!

Da stieg ich die Treppen hinunter und als ich die Tür öffnete, klingelten allerhand merkwürdige Glocken, viele verschiedene Melodien auf einmal – bimmelin-bummelin-dum-bum ...

Sie saß in einem großen Schaukelstuhl, umgeben von Katzen und Hunden, die zwar liegenblieben, aber mich anknurrten. Hier muß ich anführen, daß ich kein Feigling bin – ich bin rangegangen. Eine Angorakatze sprang mir auf die Schulter.

Dann kam die Frage: »Was wollen Sie hier?« Bei den Katzen sträubten sich die Haare und sie fauchten mich an, die Hunde waren zu faul und fett, etwas gegen mich zu unternehmen. Das Gefährlichste aber waren die Augen der Hökerfrau und ihre Frage hing in der Luft: WAS WOLLEN SIE HIER?

Es war zu dumm – ich hätte mich vorbereiten sollen. Aber ich dachte: in so einem Hökerladen sind alle willkommen und es handelte sich eher darum, wie man sich wieder wegrettet, ohne etwas gekauft zu haben. Hier erlebte ich das Umgekehrte.

Auf was ich auch zeigte, hinten auf den Regalen – die Hökerfrau schüttelte den Kopf: »Wird nicht verkauft!« So näherte ich mich einer kleinen alten, sehr schönen Petroleumlampe. Die Frau rührte sich nicht, sagte nur düster: »Finger weg!« Ich nahm mich zusammen und zeigte: »Draußen haben Sie ein Schild: KAUFE UND VERKAUFE ALLES.« Die Alte knurrte: »Altes Schild!« und setzte ihren Schaukelstuhl in Gang.

Dabei bemerkte ich, daß sie ein Holzbein besaß. Sie hatte jetzt die Augen geschlossen und schaukelte mit ruhigem Schwung hin und her. Um den Stuhl im Schwung zu halten, wurde nur das Holzbein benutzt. Jetzt konnte ich natürlich nicht weg – ich wollte alles wissen über diese einbeinige Persönlichkeit, die da vor mir saß und fing von neuem an: »Ich habe nämlich gehofft, daß Sie mein altes Radio kaufen würden.« Es kam nur ein: »Quatsch!« In der Zwischenzeit hatte ich mich mit der enormen Angorakatze befreundet. Statt zu fauchen, knurrte sie jetzt wohlwollend. Bei Katzen habe ich zwei Tricks: Hinter den Ohren kraulen und direkt vorn auf der Stirn massieren. Das hatte mir ein Katzenfreund beigebracht. Und ich bemerkte, daß unsere Hökerfrau beim Schnurren der Katze fast lächelte – da griff ich zu: »Darf ich mich setzen? Bin viel rumgelaufen zwischen euren Wolkenkratzern.« Dabei verstärkte ich meinen Akzent und sie fragte auch sofort: »Von wo in der Welt kommst du?«

»Dänemark.«

»Da bin ich noch nicht gewesen«, sagte sie und hob für einen Moment die schweren Lider ihrer Augen, knallschwarze große Augen, junge Augen auf einmal, und freundliche Augen. Ich dachte: Verdammt, wie wir Dänen beliebt sind überall. Jeder hat als Kind Andersens Märchen gelesen.

Mit einem Finger zeigte sie mir, wo ich ausruhen durfte.

»Ja, Dänemark«, sagte sie, und ich erwartete geduldig die immer erwähnte DÄNISCHE BUTTER, SCHLAGSAHNE, SMÖREBRÖD, die hohen dänischen Schichtbrötchen. Aber nein, von ihr kam:

THORWALDSEN …

Das ist unser großer dänischer Bildhauer und für diese Ehre für die Kunst meines kleinen Landes murmelte ich völlig echt: »Danke.«

Dann hatten wir es sehr gemütlich eine Weile. Die Katzen schnurrten, die Hunde schnarchten, der Schaukelstuhl schrie nach

Öl. Dann krabbelte eine Unruhe in mir hoch. Es mußte etwas geschehen und ich fragte: »Soll ich Kaffee kochen?« Der Ausweg aller Dänen: KAFFEE.

»Ja, koch mal Kaffee, aber Gift! Bitte!«

Ich ging in den kleinen Nebenraum, völlig überzeugt davon, daß das mein Prüfstein war, ob ich starken GIFTKAFFEE machen konnte. Da kam der Ruf: »Gib Mao ihre Milch!«

Mao, die Angorakatze, lag um meinen Hals wie ein Blaufuchs, weich und herrlich warm. Warum dieser Gigant von Katze MAO genannt wurde, erfuhr ich später. Gut, also beim Kaffee wurde ich angestellt als Schülerin. Vorläufig bestand meine Aufgabe darin, daß ich die Bohnen zum Aufweichen ins Wasser geben mußte – die ganze Hökerfamilie, die Katzen und Hunde mußten ihr Essen haben. Das war schnell gemacht, und nach der dritten Tasse Kaffee wurde abgemacht, daß wir beide, weil ich etwas lernen wollte, zusammen zur Auktion alter Möbel gehen.

Meine Lehrerin holte aus einem alten Schrank selbstgemachten Kirschschnaps – anscheinend schätzte sie die Dänen wegen einer alten Thorwaldsen-Büste, die da stand. Das war mein Glück.

Eine merkbare Unruhe entstand, als wir das Auktionslokal betraten. Aber keiner lachte. Da war auch nichts zum Lachen. Meine Lehrerin schritt vorwärts wie ein alter Soldat bis zur ersten Reihe.

Aber auf dem Weg durch den Saal bemerkte ich, wie sie sich orientierte. Ihr Falkenblick hatte schon ausgesucht, wofür sie bieten wollte. Sie nickte gnädig zum Auktionator hin, der mit seinem Hammer auf einer kleinen Tribüne stand. Erst als sie mächtig dasaß, fing die Auktion an: KEINE HOCHZEIT OHNE BRAUT!

Die ersten Sachen ließ sie gehen. Der Hammer klang: Zum Ersten, zum Zweiten, zum Dritten. Dabei schaute der Auktionator sie jedesmal respektvoll an, bevor er den dritten, den endgültigen Schlag schlug. Sie schüttelte minimal den Kopf und dann erst klang der dritte Schlag.

Plötzlich wurde eine große Holzkiste auf die Tribüne geschleppt, von vier Arbeitern. Der Auktionator griff hinein und holte ein riesiges Buch heraus. Da reckte sich meine Lehrerin und bot zum ersten Mal. Ich war erstaunt und wagte zu wispern: »Wir wissen doch gar nicht, was für Bücher drin sind!«

»Macht nichts – Bücher verkaufe ich meterweise. Was drinsteht, ist wurscht. Wird doch nie gelesen.«

Der Kampf ging los. Wir siegten!

Nicht ganz ohne Schwindel; wenn noch geboten wurde beim zweiten Hammerschlag, stampfte die Hökerfrau einfach den dritten Schlag mit ihrem Holzbein.

Wir wurden auf dem Auktionsauto, einem klapprigen Lastwagen, zusammen mit der Bücherkiste und zwei alten Schränken nach Hause transportiert.

Ich lernte verschiedene Stilarten von Möbeln kennen und wurde dann allein auf Auktionen geschickt. Aber mir fehlte das Holzbein. Es zeigte sich, daß meine Hökerfrau viele große Kunden hatte, die bei ihr Möbel bestellten, in diesem oder jenem Stil, oder eben vier bis sechs Meter Bücher. Ja, einer wollte sich eine ganze Bibliothek einrichten. Es war ein Getreidemillionär, und jeden Donnerstag Punkt fünf Uhr gab seine Frau eine KULTUR-COCKTAIL-PARTY. Das konnte nur zwischen Büchern unternommen werden und wir wurden 32 Meter Bücher los. Sie war eine gute Menschenkennerin, meine Lehrerin, und wußte, daß bei solchen Leuten die Bücher nicht neu aussehen durften. Je älter, je besser. Damit beim Champagner-Cocktail die Bemerkung fallen konnte: »Jaja, die Bücher, da ganz oben rechts, liebte mein Großvater … und die da links unten las meine Großmutter jeden Abend …« und so weiter.

Jetzt hatte ich meinen bestimmten Platz auf einem niedrigen Hocker neben ihr. Abends versammelten sich viele Freunde um die Hökerfrau. Es waren nicht die großen Snobs, die Bücher meterweise kauften, sondern die, die Bücher wirklich liebten. Da wurde Reis gekocht und Tee herumgereicht. Ich lernte nicht nur die Verschiedenheit der Möbel, sondern auch die Verschiedenheit der Menschen kennen.

Ich wollte eine lustige Geschichte schreiben, aber eigentlich war das gar nicht so lustig, wie wir da so im Keller saßen, meistens über zwanzig Leute. Ich fühlte plötzlich ihre Hand auf meinem Kopf und sie sagte: HÖRST DU ZU?

Und ich hörte zu. Ein alter Chinese erzählte von seinem Leben. Fast staccato – Kuli laufen – laufen, Peitsche, wieder Peitsche, hierhergekommen – glaube Zukunft – keine Zukunft, alles Schwindel hier – will zurück …

WILL ZURÜCK kam wie ein Schrei.

Da waren Emigranten, die mit so viel Hoffnung nach Amerika kamen, jetzt arbeitslos waren, ausgenutzt, hoffnungslos und nur einen Wunsch hatten: Zurück in die Heimat.

Einmal erlebte ich einen Freudentanz. Die Hökerfrau überreichte einem Chinesen ein Buch. Er nahm es mit chinesischer Höflichkeit entgegen, öffnete es – drin lag das Reisegeld. Als es von ihm entdeckt wurde, begann von dem kleinen Asiaten der Freudentanz auf dem Tischchen, er hüpfte im Zimmer herum und war so glücklich. Das war der, der die Katze MAO getauft hatte, nach MAO TSE-TUNG.

Meine Hökerfrau verdiente viel Geld, selber lebte sie sehr sparsam, aber Reisegeld gab sie oft.

Das Holzbein war auch Waffe.

Eines Abends, als wir zusammen saßen, rollte ein enormer Straßenkreuzer vor den Kellereingang. Lärmende Leute stiegen herunter in unseren stillen Keller. Zwei Herren im Smoking und zwei Damen mit blinkenden Ohrringen.

»Habe ich recht gehabt?« lachte einer der Herren. »Mal was anderes, nicht wahr?«

Da gingen sie herum und fingerten an unseren alten Sachen. »Nehmt euch was mit als Andenken, ich lade euch ein!«

Die Hökerfrau saß zunächst einmal ganz still. Dann aber geschah es!

Ich sehe es noch heute vor mir. Eine fette Hand mit einem großen Brillantring näherte sich einer kleinen silbernen Briefwaage. Da sprang die Hökerfrau auf, mit einem Griff hatte sie das Holzbein abgemacht und schlug um sich, die fette Brillantenhand klappte weg, jähzornig sprang sie herum, artistisch-elegant verlagerte sie das Körpergewicht auf ein Bein und verfolgte die Eindringlinge bis in den Straßenkreuzer. Als Andenken hatten die Herrschaften nur Beulen mitbekommen. Auch der Straßenkreuzer bekam ein paar Hiebe. So verteidigte die Hökerfrau ihre Erinnerungen, von denen wir wußten, daß jeder Gegenstand hier eine Geschichte in sich trug.

Wir liebten sie sehr, diese Hökerfrau.

Bevor ich mich von ihr trennte, putzte ich noch die Fenster. Dabei erzählte ich ihr, daß ich an einem Buch arbeitete, das heißen sollte: KLEINE GESCHICHTEN ÜBER GROSSE LEUTE.

Sie aber sagte: »Schreib lieber: GROSSE GESCHICHTEN ÜBER KLEINE LEUTE.«

Meine Zeit als Zirkusclown in New York
Fiasko

Gibt es etwas Schöneres, als durch die Welt zu reiten auf einem Elefantenrücken? Von dort oben hat man Überblick, man ist näher an den Sternen, man kann sich zurücklegen, unter sich hat man die Ruhe selbst.

Jetzt entsteht vielleicht die Frage, wie kommt man auf einen Elefantenrücken? Für mich war es einfach. Ich kam da abends vorbei, an einem großen Rummelplatz, ein umherreisender Zirkus, sie waren gerade beim Zusammenpacken.

Zunächst einmal blieben meine Augen bei den weißen Bären hängen, die benahmen sich so lustig, schlugen einander auf die Schulter und freuten sich sichtbar über den Aufbruch – in der Mitte von ihrem Käfig stand ein riesiges Faß voller Honig – die waren wie besoffen von Honig …

Meine Zeit als Fotograf in New York

In Harlem, einem Negerviertel von New York, wurde ich als Fotograf fristlos entlassen, nur weil auf einem Hochzeitsbild die Köpfe fehlten.

Ich hatte mir ein bißchen Weihnachtsstimmung gemacht – mit einem Baum, den Freunde mir vor die Tür gestellt hatten. Nun stand er auf meinem Tisch, ohne Schmuck, mit ein paar Lichtern darauf und einem roten Stern, der »on the top« leuchtete. Unter dem Weihnachtsbaum hatte ich Weihnachtskarten und ein paar Geschenke aufgebaut – ich besaß schon meine Schiffskarte nach Europa, die billigste, für ein französisches Schiff New York – Le Havre. Meine Arbeit war beendet, Brechts GALILEI hatte ich durchfotografiert, jedes Detail festgehalten – das ganze Stück gefilmt unter Lebensgefahr. Weil das Publikum sich sträubte gegen das Geräusch einer Kamera. [...]

So packte ich gut gelaunt, sonst ist es gerade zwischen Koffern nicht angenehm, aber ich war fröhlich, dieses unfreie Amerika zu verlassen. Viele sehnen sich nach Amerika, glauben an eine Zukunft, ich aber habe gesehen, wie die Hoffnungen wie Luft aus einem Ballon herauspfiffen [...]

DANN KLOPFTE ES – es konnten Freunde sein, es konnte ein Bettler sein, der auf Weihnachtssentimentalität hoffte, aber es kam mir nicht in den Sinn, daß es wieder einmal ein unheimlicher Besuch sein könnte: am Heiligen Abend!

Zwei Herren standen da: »Fröhliche Weihnacht«, grinsten sie und zeigten dabei ihre Polizeiausweise vor.

Langsam schritten sie in meine Stube hinein: »Na, Sie hauen ab?« Der eine ging sofort zu den Koffern, der andere schaute sich die Bücher unter meinem Weihnachtsbaum an. Ich zeigte gastfreundlich auf die Korbstühle und lud die Herren zum Sitzen ein. Beim Weihnachtsbaum stand noch ein kanadischer Whisky, für Brecht zum Mitnehmen. Ich zog den schnellstens auf, die Herren dufteten schon nach Whisky. Wenn schon denn schon, dachte ich! Wenn die besoffen sind, erzählen sie gern und prahlen von ihrem Gewerbe. »Hier ist es ja richtig gemütlich, und der rote Stern ist auch dabei ...« Sie hoben die Gläser und prosteten mir zu: »Sonst trinken wir ja nichts, wenn wir im Dienst sind ... aber Heilig Abend ... Ich heiße Peter und der da ist Jan, Prost Ruthchen!«

Von meiner Zeit als Barfrau hatte ich gelernt, kalten Tee in meine Gläser zu schmuggeln, weil natürlich verlangt wird, daß ich mittrinke. Um drei Uhr morgens waren die nämlich immer noch da. Wir waren enge Freunde geworden, und ich sage euch, liebe Leser, noch heute, wo ich das aufschreibe, kriege ich Gänsehaut, wenn ich an diesen Heiligen Abend mit den zwei besoffenen amerikanischen Spitzeln denke. Das Unheimlichste war, daß dieser Peter plötzlich Dänisch sprach, und zwar in der Volkssprache meiner Heimat, der Sprache der Arbeiter in den Armen-Vierteln von Kopenhagen, da war er geboren, da kam er her. Die Arbeitslosigkeit hatte ihn aus seiner Heimat vertrieben – die Hoffnung, reich zu werden, nach Amerika – da hatte er aber auch keine Arbeit gefunden, außer einmal in einer Baumwollplantage: »Wo ich mich so abrackerte zwischen Niggern, daß ich dreißig Pfund verlor. Ja, ja, das ist die Wahrheit ...« Er schaute seinen Kollegen an, der ein bißchen eingenickt war, und sagte vertraulich: »Dann hab' ich mich verkauft.«

Ich schenkte ein, er trank.

»Na klar«, sagte ich aufmunternd. Er legte die Beine auf echt amerikanische Art unter meinen Weihnachtsbaum, sah träumend vor sich hin: »Jetzt bin ich fett. Die brauchten Leute, die sich in Skandinavien ein bißchen umschauen, paar Listen machen über die Roten und ein Ohr unter die Massen stecken. Erst wurde ich auf die Schulbank gesetzt ... harte Schulung, sag ich dir – drei Jahre, drei Sprachen, Russisch kann ich auch und dann alle neuartigen Methoden ...«

Über diese »neuartigen Methoden« hätte ich gern mehr gehört, aber Mr. Jan wachte mit einem Ruck auf, schaute sich mißtrauisch um. Sicher, weil wir vertraulich in Dänisch sprachen. Der eine Spitzel überwacht den anderen, das war eine von den Methoden. »Jetzt gehen wir, komm Peter.« Ich fragte, warum sie Heilig Abend nicht lieber zu Hause verbrachten.

»Wir haben kein Zuhause, wir sind fahrende Leute«, grinste Mr. Jan und fügte hinzu: »Dies war unsere letzte Schikanetour. Wir gehen so ein bißchen bei denjenigen vorbei, die ein Ausreisevisum haben – an dich kommt man aber nicht ran. Du behauptest ja, du hast mit Kunst zu tun, schöne Kunst, schlau was?«

Mr. Jan zog Peter vom Stuhl hoch.

»Komm du bloß nicht wieder!«

»Tu ich auch nicht, bevor ihr euer schönes Land nicht geändert habt und es Leute wie euch nicht mehr gibt.«

»Auch noch frech, was?«, sagte Mr. Jan.

»Laß sie in Ruhe, sie ist eine Landsmännin von mir.« Mr. Peter zog Mr. Jan zur Tür, winkte und sagte: »Weißt du, Sister, wenn ich nach Dänemark fahre, dann nicht wie du auf einem billigen Schiff, Dritter Klasse, nein, ich fliege, und das Erster Klasse, und wenn du wissen willst, wo ich wohne in Kopenhagen – Palasthotel, mit Bad und dicken Teppichen – einen Frack dabei und einen Smoking, wegen der Girls. Aber ein paar lausige, abgearbejdete Arbejdshosen sind auch dabei ...«

Ich merkte, wie ich blaß wurde, meine Hände sich zur Faust ballten – ein dänischer Arbeiter, der sich »abgearbejdete Arbejdshosen« anzog, um unter seinesgleichen zu spionieren, bezahlt und bestochen, weil er die Sprache der Arbeiter konnte. Wir standen einander gegenüber, ich hielt seine Augen fest – es wurde so still in der Stube in New York. Von der Straße her hörte ich den Lärm des beginnenden Morgens. »Du hast die Armut und die Ausbeutung gekannt in deiner Heimat, und hier ...« Er schlug endlich die Augen nieder. Selbst Mr. Jan war still geworden, obwohl er nichts verstand. Dann aber lachte er laut, und als Abschiedssalut bekam ich noch eine Scheußlichkeit zu hören: »Wie hat dir denn der Film gestern gefallen?« Mich wunderte gar nichts mehr. »Ja, ja, ich war auch dabei, sechs Leutchen habe ich mir hinters Ohr notiert, wir sitzen hinten, verstehst du, und da merken wir uns, wo und wann gelacht wird – ihr Roten lacht nämlich über was ganz anderes als wir …« Damit stieß er den verkommenen Herrn Peter hinaus und knallte die Tür hinter sich zu. […]

Die Freiheitsgöttin

Acht Tage später verließ ich New York.
Durch die Schiffsluke betrachtete ich die Freiheitsgöttin.
Mir schien, als ob sie mir zuzwinkerte.

Ruth Berlau, 1941

Der Teufel ist ein schlechter Chauffeur

Eine neue, strahlend weiße Limousine rollte geräuschlos durch einen Vorort von Kopenhagen und hielt vor einem ziegelroten Haus mit großen, hellen Balkonfenstern. Im Gartenweg wartete eine junge Frau. Sie trug ein graues Reisekostüm. Der weiche Filzhut saß ihr schräg auf dem Kopf.

Sie konnte ihren Bräutigam durch die schmiedeeiserne Gartentür kommen sehen und lief ihm entgegen. Um elf Uhr an diesem Morgen sollten sie im Rathaus getraut werden. Dann würden sie in die Flitterwochen fahren, an die französische Riviera. Jetzt war es 9 Uhr 30, Zeit genug also, den neuen Wagen noch auszuprobieren. Sie machte sich schnell mit Gangschaltung und Bremse vertraut. »Oh, das geht ja himmlisch leicht!« rief sie immer wieder, »sieh doch, mit einem Finger lassen sich die Gänge schalten!« Überglücklich zeigte sie es.

Wie gut es ihr steht, wenn sie sich freut, dachte er und setzte sich so, daß er seine junge Braut gut sehen konnte.

»Dein Hut verdeckt die Stirn«, beschwerte er sich.

»Er ist zu flach, nicht wahr?« fragte sie.

»Nein, er ist ein Drittel so hoch wie dein Gesicht, also ganz klassisch.«

Sie fuhren an einem See vorbei. Am Ufer blühten die Kastanienbäume.

»Ich habe Onkel Fred gesehen«, sagte er mit einem schwachen Lächeln.

»Aber er hat dir keine Grüße an mich aufgetragen, habe ich recht?«

»Nein, das nicht gerade. Er kommt nicht zum Hochzeitsessen.«

»Das dachte ich mir schon. Wo hast du ihn getroffen?«

»Er rief mich an und wollte mit mir zusammen Mittag essen. Dann habe ich während der ganzen Mittagszeit auf ihn gewartet. – Achtung! Gib Obacht!«

»Was ist denn los?«

»Oh, ich war mir nicht sicher, ob du den Radfahrer gesehen hast.«

»Ich sehe alles.«

»Also schön. Ich hatte auf ihn gewartet, um ihm mal gründlich zu sagen ... – Paß auf! Paß doch auf!«

»Natürlich. Ich habe ihn doch kommen sehen.«

»Aber du warst schrecklich nahe dran.«

»Ich kann auf den Millimeter genau fahren.«

Nun trat eine längere Pause ein, in der er keine Zeit hatte, weiter von Onkel Fred zu erzählen. Er mußte auf die Straße und den Verkehr achten. Als ein Verkehrssignal auf Rot stand, kam er ein bißchen zu Atem. »Ich freue mich schon darauf, dir mein Lieblingshotel zu zeigen. Es liegt an der Straße zwischen Lyon und Marseille. Ein altes Schloß, du verstehst, große Räume mit alten Möbeln, Gemälden an den Wänden und einer herrlichen Aussicht.«

Ein Botenjunge auf einem Fahrrad wäre fast auf den Gehsteig gequetscht worden, so daß er rief: »He, ihr Knalltüten. Um ein Haar hättet ihr mich erwischt.«

»Muntere Burschen, diese Botenjungen«, sagte sie.

Eine weitere Pause, während der er sich ausschließlich auf die Straße konzentrierte, dann fragte sie: »Wie schnell fährt er denn?«

»Ungefähr 150, glaube ich. Aber ich möchte nicht, daß du schneller als sechzig fährst. Wenn du eine Reifenpanne hast, kannst du sonst den schweren Wagen nicht sicher zum Stehen bringen.«

Sie fuhren durch ein Fischerdorf. Eine Fischersfrau zog ihren Handwagen auf der Straße, da sah sie, wie die Limousine heranraste. Mit einem Satz sprang sie auf den Fußweg, während der Handwagen, beladen mit Fisch, weiterrollte. Die junge Autofahrerin schwenkte auf den Fußweg der gegenüberliegenden Seite zu. So kam sie eben noch um den Handwagen herum.

»Du darfst doch nicht so durch Ortschaften rasen!«

»Mach dir keine Sorgen, jeder weiß doch, daß ich wie der Teufel fahre.«

Ohne die Geschwindigkeit zu mindern, angelte sie eine Zigarette aus ihrer Tasche und fing nun an, nach dem Zigarettenanzünder auf dem Armaturenbrett zu suchen.

»Darf ich?« fragte er und hielt ihr den Anzünder hin. Über der Zigarette begegneten sich ihre Augen für einen Moment.

»Willst du nicht ein bißchen langsamer fahren, sagen wir sechzig, mir zuliebe?«

»Du bist ein langweiliger Mensch«, sagte sie und beobachtete ihn, »kannst du nicht mal an etwas anderes denken? Es ist doch großartig, die Kraft dieses Wagens zu spüren und sie zu beherrschen. – Erzähl mir, was Onkel Fred sagte!«

»Er stopfte sich gerade einen Rettich in den Mund, als er mich fragte: ›Hast du wirklich dem Gaul ins Maul gesehen, mit dem du dich verheiraten willst?‹«

»Und was hast du darauf gesagt?«

»Ich lachte, aber die Atmosphäre wurde ein bißchen frostig.«

»Und nun kommt er nicht zum Hochzeitsessen ...«

»Nach dieser saftigen Bemerkung habe ich nicht auf die Einladung gedrungen.«

Als sie sich wieder der Innenstadt näherten, sagte der junge Bräutigam: »Jetzt mußt du aber langsamer fahren!«

»Du sagtest mir, ich soll auf sechzig heruntergehen. Das tue ich jetzt, und du hast immer noch Angst.«

Er sah ihr eine Minute lang ins Gesicht, als sähe er es zum ersten Mal. Er war ein höflicher Mensch. Daher sagte er: »Also gut, wenn du denkst, daß ich feige bin und jammere, dann solltest du dich dementsprechend verhalten und langsamer fahren. Weißt du denn nicht, daß dein Lieblingsdichter Shelley ein entsetzlicher Feigling war?«

»Das glaube ich nicht.«

»Es ist trotzdem bewiesen. Ich kann dir von einer Schiffsreise erzählen, während der er an nichts anderes dachte, als wieder zurück ans Ufer zu kommen.«

»Bitte verdirb mir nicht die erste Fahrt in unserem neuen Auto. Ich garantiere dir, daß ich mit jeder Gefahr fertig werde. Also hab keine Bange.«

Sie versuchte, seine Hand zu fassen, aber er legte ihre Hand schnell wieder zurück aufs Lenkrad.

»In der Schule sollte jeden Tag eine Stunde Unterricht über den Unterschied zwischen Mut und Dummheit gegeben werden.«

»Willst du damit sagen, daß ich dumm bin?«

»Ja.«

»Dein Gesicht ist ganz weiß!« Sie ging auf zwanzig Stundenkilometer herunter. »Jetzt sehe ich erst: das ist keine Verstellung, du hast ja Angst!«

»Hast du verstanden, was ich über Mut und Dummheit gesagt habe?«

»Jedenfalls habe ich verstanden, daß du keinen Mut hast. Ich liebe Mut!«

»Von heute an werde ich jeden Fahrer, den ich in der Fabrik einstelle, fragen, ob er Mut hat. Wenn er ›ja‹ sagt, werde ich ihn nicht nehmen; ich stelle nur noch feige Fahrer ein. Feige, aber sichere Fahrer.«

Sie stellte das Radio an und war böse.

»Kannst du meinen Standpunkt begreifen? Kannst du um meinetwillen lernen, feige, aber sicher zu fahren? Ich gebe ja zu, daß es schwieriger ist, als schnell zu fahren, aber willst du's nicht probieren?«

Nach einer Pause sagte sie: »Die Person, die nicht selbst fährt, empfindet die Geschwindigkeit anders. Aber es ist ganz ungefährlich, mit den vier neuen Achsbremsen schnell zu fahren.«

Während dieser Erläuterung mußte sie ein Auto auf der falschen Seite überholen, um den Zusammenstoß mit einem dritten Wagen zu vermeiden, der vor ihr hielt. Sie lehnte den Kopf gegen seine Schulter.

»Komm wir fahren noch in den Ruderklub, wir haben genügend Zeit«, sagte sie; jetzt merkte sie nämlich, daß sie innerlich voneinander abgerückt waren. »Ich habe verstanden, was du willst, und werde vorsichtiger fahren.« Sie bemerkte nicht, daß sie, den Kopf noch auf seiner Schulter, schon wieder über sechzig fuhr.

Sie fuhren am Haus des Ruderklubs vorüber, das Wasser entlang und hinaus auf die Anlegestelle. Am äußersten Ende der Anlegestelle wollte sie einen Bogen ausfahren um zu wenden. Doch ein andrer Wagen kam ihr dazwischen, daher mußte sie rückwärts fahren. Sie blickte nach hinten und sah nur noch Wasser. Sie trat auf die Bremse. Die Hinterräder ragten etliche Zentimeter über die Uferkante. – Er zeigte auf die Handbremse und konnte sie gerade noch selbst erwischen. Aber wie gesagt, er war ein höflicher Mensch. Als der andere Wagen vorübergefahren war, löste sie vorsichtig die Bremse und trat hart aufs Gaspedal.

»Na, wie habe ich das nochmal geschafft?« fragte sie ein bißchen verlegen.

»Würdest du bitte anhalten!« Er stieg aus und hielt ihr die Hand entgegen. »Auf Wiedersehen«, sagte er, und »was du brauchst, ist ein Mann am fliegenden Trapez, der drei Saltos in der Luft ohne Netz macht. Wir müssen eben warten, bis ich das gelernt habe, oder bis du bereit bist, mit mir zu Fuß zu gehen. Dann werden wir unsere Flitterwochen an der Ostsee verbringen. Da haben wir dann viel mehr von der Natur, als wenn ich mich von dir durch sieben Länder fahren lasse!«

Er knallte die Wagentür zu. Als er am Ruderklub vorbeiging, dachte er: Ich will nicht vergessen, Onkel Fred anzurufen und mich bei ihm entschuldigen.

Der feige Mann war verärgert. Er hatte einen weiten Weg zu seiner Fabrik. Der feige Mann war Ingenieur in einer Dynamitfabrik.

The devil is a bad driver

A new, shiny white limousine rolled noiselessly through the outskirts of Copenhagen, and stopped in front of a red brick house with long French windows. – On the patio, a young woman was waiting; she was dressed in a grey travelling costume, and her soft felt hat was set on a rakish angle.

Through the iron-work garden door, she saw her bridegroom, and ran out to greet him. He presented her with the limousine, his wedding gift to her. They were to be married at the city hall at eleven o'clock that morning, and were driving to the French Riviera on their honeymoon. It was just nine-thirty now, plenty of time to try out the new car. She quickly acquainted herself with gears and brake.

»Oh, it's heavenly to handle«, she exclaimed, time after time; »Look, I can change gears with one finger!« she demonstrated gaily.

»How it suits her to be happy«, he thought, and settled himself in a position where he could look at his young bride.

»Your hat hides your forehead«, he complained.

»It's too flat, don't you think?« she asked.

»No, it's exactly one third of your face in height – in fact classical«.

They were driving past a lake, edged with a row of flowering chestnut trees.

»I saw uncle Fred«, he said with a faint smile.

»But he didn't send me his love, did he?«

»No, I must confess, he didn't exactly do that; – he's not coming to the wedding luncheon.«

»I thought he wouldn't; – where did you see him?«

»He called and asked me to dinner; I waited all through dinner for him to … hey! – careful!«

»What's the matter?«

»Oh, I didn't know if you'd noticed that bicycle.«

»I notice everything.«

»Well, I was waiting for him to criticise … look out! – look out!«

»Sure, sure – I saw him coming.«

»But you were awfully close.«

»I can judge within an inch.«

There was a longish pause, in which he didn't have time to tell her of uncle Fred; he had to keep an eye on the road and the traffic.

At a red stop signal he breathed a little easier.

»I'm looking forward to showing you my favourite hotel«, he said, »it's on the road between Lyon and Marseille, an old castle, – you know, big rooms with old furniture, paintings on the ceilings, and a magnificent view.«

A messenger boy on a bicycle was nearly forced up on the side-walk, and shouted:

»Hey, toots, another hair's breadth and you've got me!«

»They're so fresh those messenger boys«, she said.

There was another long pause, where he concentrated exclusively on the road, then she asked:

»How fast does it go?«

»About 150, I think, but I don't want you to go faster than sixty; – if you have a blow-out you can't hold the big car.«

They were passing through a fishing village. A fisherwoman was driving a hand-cart on the road, when she saw the limousine approach with terrific speed; she jumped up on the side-walk, and the hand-cart, filled with fish, kept on rolling. – By swerving up on the side-walk on the opposite side of the road, the pretty young driver managed to avoid the cart.

»You mustn't drive through the villages with such terrific speed!«

»Don't worry, everybody knows that I drive like the devil himself!«

Not reducing her speed, she got a cigarette out of her pocket, and started to search for the lighter on the witchboard.

»May I?« he said, and held the lighter for her. Over her cigarette, their eyes met for a second.

»Won't you slow down to – let's say sixty, just for my sake?«

»You're a bore«, she said, obeying him, »can't you just think of something else? – it's wonderful to feel the power of this car, and to master it. – Tell me what uncle Fred said.«

»He was just stuffing a raddish in the mouth, when he said: ›Are you sure you've looked your horse in the mouth; – this horse you're going to splice up with?‹«

»And what did you say?«

»I laughed, but the atmosphere got rather chilly.«

»So he's not coming to the wedding luncheon?«

»I didn't press the invitation after his colourful remark.«

As they approached the city, the young bridegroom said:

»You must slow down now!«

»You told me to slow down to sixty, and that's what I'm doing now, – but you're still scared.«

He looked at her face for a minute, as if he was seeing it for the first time. He was a polite man, so he said:

»Alright, – if you think I'm scared and cowardly, I wish you would act accordingly, and drive slower. Did you know that your favourite poet, Shelley, was a terrible coward?«

»I don't believe it!«

»It's historically correct tough; – I can describe a sailing trip of his, where he thought of nothing else but getting back on shore again.«

»Please don't spoil our first trip in the new car. I guarantee to master any danger, so don't be scared.«

She tried do take his hand, but he quickly put hers back on the wheel again.

»They ought to give an hour's instruction in the schools every day, about the difference between courage an stupidity.«

»Do you mean to say I'm stupid?«

»Yes.«

»Your face is quite white!« she slowed down to twenty miles an hour, »I see that it's not affectation, you're really scared!«

»Did you understand what I said about courage and stupidity?«

»Well, I've discovered that you have no courage, anyway; – I love courage!«

»From now on, when I engage a driver at the factory, I shall ask if he's courageous, and if he says: Yes, I won't take him; – I shall engage only cowardly drivers, safe but cowardly.«

She turned on the radio and was cross.

»Can't you understand my point of view? – Can't you for my sake learn to drive safely bot cowardly? – I agree it's more difficult than to drive fast, but won't you try?«

After a pause, she said: »I realise that the person who isn't driving feels the speed differently, but it's quite safe to drive fast with the new four wheel brakes.«

During this explanation she had to pass a street-car on the wrong side, to avoid a car, which stopped right in front of her. – She was now leaning her head on his shoulder.

»Let's drive out to the yacht club, we have plenty of time«, she said, feeling the lack of contact between them. »I quite understand what you told me, and I'll drive carefully.«

She didn't notice that she, with her head on his shoulder, was driving sixty again. – They passed the yacht club and drove along the ocean and out on the pier.

On the far end of the pier, she wanted to make a U-turn, but another car got in her way and she had to back up; while doing this and looking back she saw water – she put her foot on the brake – the back wheels were hanging a couple of inches over the edge of the pier. – He pointed to the hand-brake, and actually could have pulled it himself, but as I said before, he was a very polite person.

When the other car had passed, she carefully released the brake, and stepped hard on the gas.

»I managed alright!« she said, slightly embarrassed.

»Will you please stop!« – getting out of the car, he held out his hand; »Goodbye«, he said, »and what our appointment at the city hall is concerned, it'll have to wait. – What you need, is the man in the flying trapeze, someone who can turn three times around himself in the air, without a net. – So we'll have to wait until I've learned to do that, or until you will be willing to walk; – then we'll go to the seaside for our honeymoon, and there we'll see a good deal more of nature, than we would, if you drove through seven countries!«

He closed the door with a band. – As he passed the yacht club, he thought: »I must remember to call uncle Fred and apologise.«

The cowardly man was annoyed; – he had quite a long walk to get to his factory.

This coward was an engineer, AND HE MANUFACTURED EXPLOSIVES.

Abbildung Seite 73: Ruth Berlau, um 1950

3 Ich bin ja nirgendwo zu Haus …

Berlin

1948 – 1974

Wie ich mich ärgere, daß ich zu spät kam, ein Bier mit Shakespeare zu trinken! »William«, hätte ich dann gesagt, »du hast mir zuviel über Könige geschrieben!« Natürlich würde er nur gelächelt haben – klar, weil die Völker damals abhängig waren von diesen Tyrannen, ihren Launen, Intrigen und ihrer Geldgier. Selbst jetzt ist das englische Volk außer sich, wenn eine Königin gekrönt wird, oder wenn sie ein neues Kleid trägt. Es wird aufgepaßt, was für einen Hut sie aufhat oder wen sie anlächelt. Man sorgt dafür, daß dieser altertümliche Königswahn aufrechterhalten wird.

VIEL LÄRM UM NICHTS wird jetzt im Deutschen Theater gespielt. Vor der Premiere saß ich unten im Theaterrestaurant mit dem Regisseur Rudolf Wessely und dem Dramaturgen Dr. Kipphardt, der den Nationalpreis bekam für sein Stück SHAKESPEARE DRINGEND GESUCHT. An einem Abend wird Shakespeare gesucht, am anderen Abend wird er gefunden. Bestimmt wäre es nicht langweilig gewesen, hätte Shakespeare mit am Tisch gesessen und unsere Fragen beantwortet.

Die Diskussion ging darum, ob VIEL LÄRM UM NICHTS nun ein Lustspiel ist oder vielmehr ein Trauerspiel. Von den Shakespeare-Forschern wird es als Lustspiel registriert. Es scheint deshalb viel Lärm auf den Proben gewesen zu sein, bis der Regisseur zum Beispiel die Hauptdarstellerin Inge Keller, die die Rolle der Beatrice spielt, davon überzeugt hat, daß er in seiner Regie das Tragische betonen will.

Da kommt »Beatrice« und setzt sich zu uns. Sie ist eine bezaubernde Person mit Sternenaugen und viel Humor. Ich will wissen, wie Rudolf Wessely als Regisseur ist – als Schauspieler hat er großen Erfolg in SHAKESPEARE DRINGEND GESUCHT. Dann will ich wissen, ob man in diesem Shakespeare nach der Stanislawski-Methode arbeitet.

»Alles, was richtig ist, ist Stanislawski, und was falsch ist, ist nicht Stanislawski«, sagt unsere Beatrice und legt damit das Methodenproblem zur Seite. »Das Wichtigste für unseren lieben Regisseur ist, daß wir pünktlich auf den Proben sind«, fährt sie fort. »Er kommt leider nie zu spät, und kommen wir nur zwei Minuten zu spät, nennt er uns ›ihr Teufel‹. Das ist überhaupt sein Lieblingsausdruck für uns Schauspieler. Müde wird er auch nie, leider; und die Kaffeepause findet er zu lang, wenn sie fünf Minuten dauert. Zu essen kriegen wir nie …« Wessely lacht über die Beschimpfungen, und Beatrice sagt: »Aber wenn ich erschöpft bin, weil ich zum Beispiel Abendvorstellung gehabt habe, und selber merke, daß ich ihn enttäusche, rufe ich einfach: ›Rudolf, umarme mich!‹ Dann springt er auf die Bühne, und vor offenem Vorhang umarmt er mich …«

Rudolf Wessely stoppt die Diskussion über seine Regie, indem er anknüpft am »offenen Vorhang«. «Wir spielen ohne Vorhang. Es gibt keinen langweiligen Umbau. Alles findet in derselben Dekoration statt. Wir haben nur Tafeln, die herunterkommen und erzählen, wo wir jetzt sind.«

Ich denke an den Inspizienten. Wenn kein Umbau ist, wird es für ihn kein so schwerer Abend werden, obwohl er trotzdem noch verantwortlich ist für alle Auftritte, daß jeder genau auf sein Stichwort auf die Bühne geschickt wird. Nie werden Inspizienten von Kritikern gelobt oder auch nur genannt – obwohl so viel von ihnen abhängt. Wenn alle Lampenfieber haben, muß er die Ruhe selber sein. Er hat alle Fäden in seiner Hand. Hier, in VIEL LÄRM UM NICHTS, steht Fritz Koch auf diesem Posten.

Als ich nach Hause ging, dachte ich darüber nach, wie viel dazu gehört, um ein Stück auf die Bühne zu bringen – von dem Augenblick an, da es von Intendanz und Dramaturgie gewählt wird, bis wir im Zuschauerraum erwartungsvoll sitzen, um das Resultat der Arbeit zu sehen. Und ich denke an dieses Genie Shakespeare, der uns alle so reich macht, ob er nun über Prinzen, Gouverneure oder

Edelleute schreibt. Es sind immermenschliche Konflikte. Höre nur, wenn er singt:

Klagt, Mädchen, klagt nicht Ach und Weh,
Kein Mann bewahrt die Treue.
Am Ufer halb, halb schon zur See
Reizt, lockt sie nur das Neue.
Weint keine Trän' und laßt sie gehn,
Seid froh und guter Dinge,
Daß statt der Klag' und dem Gestöhn
juchheisassa erklinge.
Singt nicht Balladen trüb und bleich
In Trauermelodien:
Der Männer Trug war immer gleich,
Seitdem die Schwalben ziehen.
Weint keine Trän'...

Nun kann man ja diskutieren, ob es ein Trauer- oder ein Lustspiel ist: »Shakespeare erlaubt uns zu weinen *und* zu lachen: Jede Note, jede Farbe in Ernst und Scherz steht ihm zur Verfügung, die rührende Bitte des Kindes, das stille Sehnen der Braut, die Raserei der gekränkten Liebe, Schmerz und Glück, Ehrfurcht, Treue, Trotz, Haß, Hohn, Verachtung, Jähzorn, sanfte, harmonische Regung bis zum wütendsten Sturme der Leidenschaft, holdeste Hingabe bis zur schwärzesten Verruchtheit.«

Max Reinhardt, der ja auch in unserem schönen Deutschen Theater VIEL LÄRM UM NICHTS inszeniert hat, sagte über Shakespeare: »Er ist der größte Wohltäter, der dem Theater erstanden ist. Er war Dichter, Schauspieler und Theaterdirektor in einer Person. Mit seinen Worten malte er Landschaften und formte er architektonische Szenen. In seinen Stücken ist alles in Musik getaucht und geht in Tanz über ...«

So schrieben auch die Kritiker 1916 über Reinhardts Aufführung von VIEL LÄRM UM NICHTS: »Alles ist hier beweglich, voll Leben, voll Musik, leicht, anmutig, elegant, farbenbunt und doch von vornehmer Zurückhaltung in der Farbe. Alles ist ein Fluß, jeder Augenblick ist ausgefüllt in diesem Spiel, es gibt den ganzen Abend über keinen noch so winzigen toten Punkt. Und was am stärksten in der Erinnerung haften bleibt, ist der Eindruck eines Tanzes, denn jeder steht hier – wie beim Tanz der Kavalier der Dame einem Partner gegenüber: Benedict der Beatrice, Claudio der Hero, Antonio dem Ixonato, Holzapfel dem Schlehwein. Voll Lebenslust endete das Spiel im großen Reigen …«

Das war damals. Reinhardt hatte Albert Bassermann. Als Liebhaber Benedict war er schon von vornherein beliebt beim Publikum. Jetzt muß jeder unserer Schauspieler sich seinen Platz im Herzen unserer neuen Zuschauer erst erobern. Wilhelm Koch-Hooge spielt heute den Liebhaber, der so viel Lärm und Kampf hat, bevor er seine Beatrice bekommt, und Inge Keller ist Beatrice. Wie lange wird es dauern, bis wir sie zu unserem Liebling gemacht haben?

Nun, heute nacht hatte ich einen Traum: William Shakespeare ging auf und ab in meinem Zimmer und beschwerte sich. Übrigens wollte er gar kein Bier trinken, sondern Tee. Wie jeder Engländer wollte er einfach Tee. Na, ich machte also Tee und sagte: »Beruhige dich, was ist denn los?« »Immer zitiert man: ›Sein oder Nichtsein, das ist hier die Frage‹. Ich habe doch auch anderes geschrieben …« – »Jaja«, beruhige ich ihn: »›Reif sein ist alles‹, hast du auch gesagt. Wir leben ja weiter in deinen Gedanken, warum bist du so nervös?« – »Da ist wieder viel Lärm um nichts im Deutschen Theater.«

»Warum gehst du nicht ’rein und schaust dir’s an?«

»Ich?«

»Warum nicht? Kein Vieh wird dich erkennen; du kaufst eine Karte und gehst ’rein.«

»Ich habe kein Geld.«

Ich gab ihm fünf Mark und schickte ihn weg. Aber bevor er in seine Vorstellung ging, sagte ich noch: »Du, William, woher kennst du uns Frauen eigentlich so gut? Du drehst uns herum, machst deinen Spaß mit uns und durchleuchtest uns mit deinen Röntgenaugen.«

Irritiert bemerkte er: »Vergiß bitte nicht, daß wir um 1600 noch nicht röntgen konnten.«

Er ist schon auf der Treppe und will in seine Vorstellung. Ich verstehe ihn, es ist schon lange her, daß er so etwas gesehen hat. So ruft er mir nur noch zu: »Alles, was man liebt, versteht man!«

Ich wache auf. Es ist wahr, er liebt das weibliche Geschlecht. Jetzt, wo er weg ist, ist alles so still und leer. Wenn er uns nicht liebte, könnte er niemals seinen Benedict in VIEL LÄRM UM NICHTS sagen lassen: »Ich will in deinem Herzen leben, in deinem Schoß sterben, in deinen Augen begraben werden.«

Gib acht, vielleicht sitzt er eines Abends unter uns!

»Bitte, zitier mich viel!« bat Brecht. »LOTTE IN WEIMAR wurde mehr gelesen als der Geheimrat selber.«

Also, bitte, obwohl es nicht gerade schmeichelhaft für »meine Landsleute« ist, hier Brecht über die humorvollen Dänen:

»Ja, sie haben dem Krieg eine heitere Seite abgewonnen ... Als der zweite Weltkrieg ausbrach, sind sie erwartungsvoll herumgestanden, bis auf den letzten Knopf gerüstet. Sie haben immer betont: Wir sind zu schwach, um uns zu verteidigen, wir müssen Schweine verkaufen ... Sie waren alle überzeugt, daß der Faschismus bei ihnen nicht geht, weil sie zuviel Humor haben ... Der Faschismus hat sich leider nicht daran gestoßen, daß er in Dänemark nicht ernst genommen worden ist, sondern ist eines Morgens mit einem Dutzend Flugzeugen in der Luft erschienen und hat alles besetzt.«

Einen Schritt zurück

Versuchen Sie mal, »Guten Tag« zu sagen, die Hand zu geben und gleichzeitig einen Schritt zurückzutreten. Brecht hat es geschafft bei meiner ersten Begegnung mit ihm. Königliche Schauspielerin und verheiratet mit einem Professor, war ich nicht gerade der Gesprächspartner, den er sich gewünscht hatte. Daß ich auch noch sofort DU sagte, muß ihn eigentlich schockiert haben. Das aber erfuhr ich erst viel später; an einer Hand konnte man die Leute abzählen, mit denen Bertolt Brecht per du war.

Ich ging sofort zum Angriff über:

»Wir haben uns gedacht, daß du reden solltest zur Abschlußfeier der Studenten ...«

Brecht: »Ich halte nie Reden ...«

Ich: »Warum denn nicht?«

Brecht: »Weil ich nicht kann!«

Ich: »Nanu! Was mache ich denn da? Ich wurde hierhergeschickt, sollte Karin Michaelis bitten, die Rede zu halten, aber da dieser sonderbare Mensch immer wieder gegen Vivisektion spricht ...«

»Ja, ja«, lachte Brecht, »sie liebt halt die kleinen Mäuse.«

Ich: »Wir wollten von dir eine politische Rede.«

Brecht: »Ich halte mich am besten aus dem Politischen, solang die Polizei sich für meine Person interessiert, heute muß ich wieder Hut und Schlips anziehen und Besuch machen ...«

Ich: »So gefährlich ist doch deine ›Dreigroschenoper‹ nicht.«

Brecht: »Ihr Intellektuellen kennt nur meine ›Dreigroschenoper‹, aber die Polizei ist viel mehr belesen, als man glaubt ...«

Später, in Washington, wo Brecht zum McCarthy-Verhör vorgeladen wurde, bestätigte sich seine Aussage: Die Polizei hatte alles übersetzt, was Brecht geschrieben hatte. »Nicht einmal Heine ist das passiert!« sagte Brecht stolz.

Unvergeßliche Spiegeleier

Plötzlich standen vor uns Spiegeleier, Salat und Obst, unbemerkbar war es geschehen, so daß unser Gespräch nicht gestört wurde. Über diese Spiegeleier sah ich zum erstenmal in diese lustigen, kohlschwarzen Augen. Wir waren schon so weit gekommen, daß ich mehrere Jahre kommunistisches Parteimitglied war, mit meinem Fahrrad allein nach Moskau gefahren war und – was ihn sehr interessierte – ein Arbeitertheater gegründet hatte. Brecht stand schon auf, mit seinem Dessert in der Hand ... Brecht: »Vielleicht kannst du etwas machen für die Studenten, Heli?«

Ich: »Ja, was kannst du?«

Brecht: »Vielleicht etwas singen oder vorlesen ...«

Brecht verschwand. »Das tut er immer, nach dem Essen zieht er sich zurück«, beruhigte mich die Frau, die also singen oder vorlesen konnte für meine Studenten, sie, die uns die Spiegeleier vorgesetzt hatte. Jetzt erst fand ich Zeit, sie zu betrachten: klein. schmal, eine fremdartige Schönheit, indischer Kopf wie von einem Bildhauer gemeißelt – eine einmalige Ausstrahlung.

»Eigentlich bin ich Schauspielerin«, sagte sie und räumte das Geschirr zusammen. Sie gab mir das Versprechen, bei der Studentenfeier mitzuwirken.

Brecht und die Weigel in Kopenhagen

Wir holten Brecht und Weigel ab. Mit dem Auto waren es ganze fünf Stunden. – So oft wurde geschrieben, daß Brecht bei Karin Michaelis wohnte, aber es stimmt nur so weit, daß die dänische Schriftstellerin schon in Wien eng befreundet war mit Helene Weigel und sie eingeladen hatte. Brechts kamen aber nicht, wie so viele andere deutsche Emigranten, ohne Geld an. Zunächst mieteten sie ein Haus, TORELORE, auf der kleinen Insel Thurö, auf Michaelis' großem Grundstück. Aber sehr bald hatte die Weigel ein altes Bauernhaus gefunden, gekauft und umbauen lassen, vor allem den Pferdestall, der Brechts langes Arbeitszimmer wurde. Dieses Bauernhaus lag nicht auf Thurö, nicht in Svendborg, sondern in einem kleinen Bauernort: SKOVSBOSTRAND, direkt am Svendborgfjord. –

Von dort holten wir die Brechts ab, und zwar in meines Mannes, Robert Lunds, großem Lincoln – vorne saßen die zwei Herren, unnötig zu sagen, daß Brecht seine Zigarre im Mund hatte. In diesen fünf Stunden von Skovsbostrand nach Kopenhagen entstand eine Freundschaft, die zu vielen Schachkämpfen führte. In der Emigration hatte Brecht Zeit, Schach zu spielen. Hinten im Wagen erfuhr ich vieles von den Arbeiten Brechts und der Weigel. Aber das große Erlebnis kam erst abends, als die Weigel für die dänischen Studenten sang. Diese Studenten sind jetzt Professoren, Ingenieure und so weiter, die Weigel aber haben sie nicht vergessen. Brecht amüsierte sich über mein Arbeitertheater und versprach, mitzuhelfen bei der Inszenierung seiner »Mutter« nach Gorki. Dies aber war sein erster

Abend in Kopenhagen. Oft kam er wieder und half uns, dabei entstand das Gedicht:

»Rede an dänische Arbeiterschauspieler
über die Kunst der Beobachtung«

(Ich zitiere ein paar Strophen, hoffend, daß Interessierte das ganze Gedicht im »Messingkauf« nachlesen.)

»Um zu beobachten
Muß man vergleichen lernen. Um zu vergleichen
Muß man schon beobachtet haben. Durch Beobachtung
Wird ein Wissen erzeugt, doch ist Wissen nötig
Zur Beobachtung. Und:
Schlecht beobachtet der, der mit dem Beobachteten
Nichts zu beginnen weiß. Schärferen Auges überblickt
Der Obstzüchter den Apfelbaum als der Spaziergänger.
Keiner aber sieht den Menschen genau, der
nicht weiß, daß der
Mensch das Schicksal des Menschen ist.«

Der Gedanke und das Unlustgefühl, daß man nur für die »Schublade« schrieb, war bei Brecht nicht zu spüren. Die sechs Jahre unter dem dänischen Strohdach wurden seine produktivsten als Stückeschreiber. Hier beschloß er wie selbstverständlich, nach seiner Rückkehr aus der Emigration in Berlin mit »Mutter Courage« wieder anzufangen. Hier sagte er uns: »Mein Schiff und meinen Steyr-Wagen will ich zurückhaben ...« (Er nannte immer das Theater am Schiffbauerdamm »Schiff«). Wir wissen, daß er recht behalten hat: Er bekam sein »Schiff«, und mit vielen Beschwernissen stöberten wir einen alten Steyr-Wagen auf, dessen Reparatur mehr kostete als ein neuer Wagen.

Alles benützte Brecht produktiv. Eine falsche Haltung, eine falsche Meinung, sofort bekam ich ein Notat zugeschickt. Er nannte sich Me-ti und mich Lai-tu.

Me-tis Rat

»Lai-tu, eine Schülerin Me-tis, sagte ihm einmal, sie wolle eine große Reise machen. Me-ti sagte: Wie kannst du verreisen, wenn die drei Reiche Deh, Sue und Noh [Dänemark, Schweden und Norwegen] immer noch nicht vereint sind, obwohl sie einen so mächtigen gemeinsamen Feind haben? Lai-tu war ein einflußloses Mädchen, und die Vereinigung der drei Reiche schien ihr nicht in ihrer Macht zu liegen. Als sie dies sagte, antwortete ihr Me-ti: die Vereinigung der drei Reiche ist ein weit weg liegendes Ziel. Aber weiter weg, als ein weit weg liegendes Ziel liegt kein Ziel. Deine Reise hat kein Ziel.«

Bert Brecht oder Bertolt Brecht

»In der Tschechoslowakei fangen sie an, meine gesammelten Schreibereien zu drucken. Da überlege ich mir, ist Bert richtig?« Jetzt war ich es schon gewöhnt, Fragen vorgesetzt zu bekommen, die nach meiner Meinung weit über meinem Horizont schwebten, aber nicht nach seiner Meinung. Zum Beispiel: »Bleibt nun Galilei da stehen, oder setzt er sich? Der Unterschied, ob er sitzt oder steht …« BERT oder BERTOLT! »Bertolt, Eugen, Friedrich – was meinst du? Gefällt dir Bert?« Gelernt hatte man ja schon, schnell zu denken. Mir fiel damals nichts ein als: »Willi (William) wäre ja seinerzeit auch nicht richtig gewesen …« Bert antwortete mit einem Grinsen. Und da, in Dänemark, wurde das so berühmte Bert in Bertolt verwandelt.

Brechts »Todsünde«

Brechts »Todsünde« in der Emigration war, daß er Kommunist war. Endlich hatte ich seine »Sieben Todsünden« an das Königliche Theater verkaufen können, er nahm mit Spaß an den Proben teil, die königlichen Schauspieler fuhren nach Skovsbostrand, er fuhr nach Kopenhagen. Zur Premiere saß der König in seiner Loge, und nach zwei Vorstellungen wurden die »Sünden« verboten. Der König soll gesagt haben: »Zu so was ist unser königliches Ballett nicht da.« Alle waren entrüstet, der Übersetzer, das Ensemble und der Regisseur, allein Brecht war zufrieden: »Gut, man hat es also verstanden.« Theaterskandale war er gewöhnt. Ich jedenfalls hatte den Eindruck, daß er eher enttäuscht gewesen wäre, wenn es keinen Skandal gegeben hätte. »Die Dänen sind höfliche Leute, keine faulen Tomaten, nur ein königliches Verbot!«

Die »zu kleinen Inseln«

Wirklich, es ist erstaunlich, was Brecht alles später verwendet hat von seiner Zeit auf den »zu kleinen Inseln«, wie er Dänemark nannte. »Das schlimmste an den Inseln, die zu klein sind, ist, daß eigentlich nichts fehlt, alles ist vorhanden, aber in schrecklich kleinen Proportionen, hier existiert nichts, womit man es messen kann, weil das Maß selbst zu klein ist. Ein Berg, der in Jyland liegt, heißt Himmelberg, er ist zweihundert Meter hoch.«

Am liebsten ging Brecht in die Seemannskneipen, viele Keller liegen da nebeneinander, das Ganze wird Nyhavn« (Neuhafen) genannt. Er mochte die großen vornehmen Restaurants nicht, schon weil die Kellner ihn da von oben bis unten fixierten. Bei den Seeleuten konnte er seine blaue Arbeitshose anbehalten und wurde gut aufgenommen. Einen hatte er besonders ins Herz geschlossen, der saß in einer Ecke, man hatte ihm einen Lampenschirm auf seinen Kopf gesetzt, und sein in drei Monaten hart verdientes Geld war irgendwie abhanden gekommen. Er begrüßte Brecht, indem er den Lampenschirm wie einen Hut abnahm und traurig sagte: »Das ist nun alles, was ich meiner Mutter schenken kann.« Die Matrosen tauschten pornographische Bilder und sangen Seemannslieder.

Brecht hatte Mitleid mit den Prostituierten, sagte aber: »Sie sind großzügige Leute.« Er hatte ein Gespräch verfolgt: Ein Seemann hatte kein Geld, wurde aber doch auf Kredit mitgenommen.

Sein bester Freund

Das nützt uns nichts, sein bester Freund war der Zigarrenhändler, ein kleiner lustiger Kaufmann in Skovsbostrand. Da das Bauernhaus kein Telefon hatte, sagte Brecht: »Ich gehe zum Kaufmann telefonieren.« Dort im Hinterzimmer hörte ich Brecht dänisch sprechen, sie diskutierten über »handgerollte Zigarren gegen maschinell gemachte«. Hier wurde auch die wichtige Frage aufgeworfen: Tuborg- oder Carlsberg-Bier? Brecht entschloß sich für Tuborg, er trank jeden Abend zu Hause, ganz privat und ungestört, zwei Tuborg – dazu eine dänische Käse-Orgie! Vorher mußten die Weigel und ich mit einer Fliegenklatsche jede Fliege abklatschen. Vor Spinnen hatte er den größten Respekt, selber konnte er nichts totschlagen.

Sein Beruf verführte ihn dazu, daß er unglaublich neugierig war. Er hatte es nicht gern, daß wir weiterplauderten, wenn er sich zu seinem Tuborg zurückgezogen hatte. Einmal überraschte ich ihn, wie er im langen Nachthemd durchs Schlüsselloch guckte. Er wollte feststellen, was wir ohne ihn unternahmen.

Koffer packen

Viele Dänen waren beruhigt, als Hitler einen Nichtangriffspakt mit Dänemark schloß, Brecht aber nicht, er packte seine Koffer.

Was auch in seinen »Flüchtlingsgesprächen« unter dem Titel »Dänemark oder der Humor« geschrieben steht, sowie in seinem kleinen Stück »Dansen«, wo er immer wieder den Dänen krumm nimmt, daß sie ihre Schweine an Hitler verkauften, mochte er doch die Dänen gern, wegen ihres Humors, ihrer Heiterkeit und Freundlichkeit. Daß er sich nach seinen Landsleuten sehnte, deren Kampf verfolgte, zeigt sein Gedicht:

»Geflüchtet unter das dänische Strohdach
Freunde
Verfolg ich euren Kampf. Hier schick ich euch
Wie hin und wieder schon, ein paar Worte, aufgescheucht
Durch blutige Gesichte über Sund und Laubwerk.
Verwendet, was euch erreicht davon, mit Vorsicht!
Vergilbte Bücher, brüchige Berichte
Sind meine Unterlage. Sehen wir uns wieder
Will ich gern wieder in die Lehre gehn.«

Ein Fremder sieht D.D.R.

Ja, ein Fremder bin ich. Das merke ich mehr und mehr. Soll ich verraten, von wo ich bin? Warum? Ich bin ja nirgendwo zu Haus. Ihr selber jagtet mich hinaus, jetzt bin ich Gast bei euch. Bei euch in der DDR. In meinem Paß steht »Schriftsteller«, wenn ich hier in Deutschland die Fragen für meine Aufenthaltserlaubnis für Ausländer beantworten sollte, kamen wir, ich und der liebe Beamte, zu Frage Nummer 5: Beruf. Er wollte einfach meinen Paß abschreiben, ich aber protestierte und behauptete, ich hätte jetzt einen neuen Beruf: «Ich bin Aufschreiber», sagte ich milde, weil man immer einen Beamten milde behandeln soll. Er schaute mich an wie einen giftigen Pilz und sagte, nicht milde: »Sowas gibts nicht, das ist kein Wort. Daraufhin gerieten wir in eine, für die Zeit (es war fünf vor 12 und er schielte schon nach seiner Schrippe) lange Diskussion, die natürlich mit seinem Sieg endete. Wann und wo siegt nicht ein Beamter über einen Menschen? Ein Beamter ist ja kein Mensch zwischen acht und fünf. Nur Sonnabend kehrt er früher zurück, zurück von seinem Kaiserthron, zu seiner sicher netten Familie, und wird wie wir: ein Mensch. Aber in meiner Aufenthaltserlaubnis steht wieder Schriftstellerin. Ich bin aber »Aufschreiber«. Es ist möglich, daß mein Beamten-Kaiser recht hatte, wenn er sagte, daß es kein deutsches Wort sei – es gibt auch so ein Wort nicht in einer anderen Sprache. Warum?

Weil es früher hieß: Schriftsteller. Da konnte man zu Hause sitzen und etwas zusammen dichten. Man erfand etwas. Eine Fabel mußte man zuerst haben. Dann fängt man seinen Roman an. Na, ich jedenfalls kann nicht mehr erfinden, als die Wirklichkeit hergibt: ich schreibe einfach auf. Ich schreibe auf, was ich sehe und höre. Damit ihr, liebe Leser mir glaubt, habe ich noch dazu fotografieren gelernt und werde ab und zu ein Bild daneben setzen.

Doch wenn es gerade regnet oder wenn es dunkel ist, müßt ihr mir aufs Wort glauben. Auch bitte ich euch, meine komische Sprache zu verzeihen. Ich versuche in eurer aufzuschreiben, weil ich vermeiden will, den sogenannten Zwischenmann, den Übersetzer, zwischen dir, mein Leser und mir, dem Aufschreiber. Wir werden uns schon verstehen, wenn auch ein Satzbau nicht ganz korrekt. Deine Sprache, lieber Deutscher, ist ja schwierig, aber glaube mir, die meine lernst du nie.

Abbildung Seite 91: Ruth Berlau, um 1950

4 Epilog für Ruth Berlau

von Eckhard Becker

In einer Nacht des Jahres 1966 hatte ich in Berlin eine äußerst denk-würdige Begegnung mit Ruth Berlau.

Ich saß an der Bar des Künstlerklubs »Die Möwe« und feierte allein die für mich sehr erfreuliche Generalprobe meines zweiten Szenenstudiums an der Staatlichen Schauspielschule Berlin, der heutigen Hochschule »Ernst Busch«, wo ich Student im zweiten Jahr war. Insbesondere schmeichelte mir das überschwengliche Lob des zufällig anwesenden Heiner Müller, der ein Freund meines Dozenten war. In dem Glücksgefühl, offenbar etwas Außergewöhnliches geleistet zu haben, genoß ich meinen bereits dritten Martini-Cocktail (wir Schauspielschüler konnten bei dem freundlichen Barkeeper Hansi anschreiben lassen, was höchst gefährlich war!), als eine sehr zerbrechlich scheinende ältere Dame an einem riesenhaft wirkenden Krückstock mit Oberarmstütze den Raum betrat.

Aber, um der Wahrheit die Ehre zu geben, muß ich wohl eher despektierlich sagen: eine alte Frau. Sie paßte so gar nicht in das Ambiente dieses Bohème-Clubs, und aus heutiger Sicht würde ich sie nach ihrem äußeren Erscheinungsbild wohl als obdachlos bezeichnet haben.

Obendrein schien sie mir gespenstisch betrunken zu sein. Sie trug einen langen, dunkelbraunen Rock, der einiges an Flecken aufwies, einen grauen Rollkragenpullover, der auch schon bessere Tage gesehen hatte, und zerschlissene Turnschuhe aus Stoff, die früher wohl einmal weiß gewesen waren. An ihrem Hals baumelten billige Ketten und als Krönung ein bodenlanges, schreiend buntes Chiffontuch, das mit Papageien und ähnlichem Getier bedruckt war. Zudem buckelte sie ein monströses Umhängebehältnis.

Und während sie zu einem Tisch in der äußersten Ecke der Bar ging, oder richtiger schlich, registrierte ich eine für mich sehr erschreckende Reaktion zweier berühmter Schauspieler des Berliner Ensembles, deren ganzes Ausmaß an Tragik ich erst viel später zu

Hause realisieren sollte: ein »sich Abwenden mit Grausen« unter unverschämt lautem Gestöhn.

Die alte Dame mußte das mitbekommen haben, und es war wohl auch so gemeint. Hansi, der Kellner, ging zu ihr und nahm höflich die Bestellung entgegen. Er füllte zwei Gläser halbvoll mit Grapefruit-Juice und brachte sie ihr (in der DDR sagte man zu Saft »Juice«). Sie entnahm ihrer großen Umhängetasche, die merkwürdigerweise aus feinstem Leder war, eine Flasche Gin, füllte beide Gläser damit randvoll auf und trank eines davon, ohne abzusetzen, aus. Sie mußte es mit beiden Händen halten. Meinen erstaunt fragenden Blick zu Hansi quittierte dieser mit einer sanften, beschwichtigenden Geste. Irgendwie war das alles für mich doch reichlich bizarr. Plötzlich drehte die Dame sich zu mir um, fixierte mich ungebührlich lange und machte dann ganz locker mit Zeige- und Mittelfinger heranwinkende Gesten. Ich blickte mich um, da ich nicht glauben konnte, daß ich gemeint sei.

Daraufhin wiederholte sie energisch die Geste mit dem ganzen Arm, und ich mußte unwillkürlich an die Alte im Pfefferkuchenhaus denken. Ich schaute hilflos zu Hansi, der mir mit einem beruhigenden Augenniederschlag bedeutete, daß ich bedenkenlos zu ihr gehen könne. Ich nahm den Rest meines Martinis und tat es dann zaghaft. Ich wünschte dieser Frau, eigentlich mehr fragend, einen guten Abend, worauf sie sagte: »Na, nun nicht so schüchtern, Jungchen! Komm, setz dich! Trinkst du was mit mir?«

»Danke, gern«, sagte ich und setzte mich ihr gegenüber. »Komm hierher«, sagte sie und deutete auf den Stuhl neben sich. Ich tat es. Sie hatte eine sehr schöne, warme und intelligente Stimme, wenn es so etwas gibt, die erstaunlicherweise so gar nicht zu ihrem Erscheinungsbild paßte. Und das Wort Jungchen irritierte mich, kannte ich es doch, was mich persönlich betraf, nur von Helene Weigel, mit welcher ich die Ehre hatte, im »Coriolan« gemeinsam auf der Bühne zu stehen. Sie kontrollierte stets nach der Pause an der Bühnentür, ob wir auch ordentlich nachgeschminkt waren. »Hals und Ohren nochmal! Ab in die Maske, Jungchen!« sagte sie einmal sehr streng zu mir, auf daß ich errötete, so als ob ich beim Stehlen ertappt worden wäre. Jungchen, sagte also nun auch diese Frau in der »Möwe« zu mir. Sie halbierte den Inhalt des zweiten Glases, füllte beide wieder mit Gin auf und schob mir eines hin. »Prost, mein Jungchen!« Diesmal nahm sie nur einen Schluck, und ich tat es ihr gleich. »Wie heißt du denn, und was machst du?« Ich stand auf, stellte mich artig vor und sagte, daß ich Schauspielstudent an der Staatlichen Schauspielschule in Schöneweide sei. Sie sagte, daß sie das sehr freue, und fragte mich nach meinem Alter.

»Einundzwanzig«, sagte ich.

»Dann bist du noch im Krieg geboren?«

»Nein. Genau drei Tage danach«, sagte ich.

»Da hast du aber Glück gehabt.«

»Wenn Sie meinen.«

»Ja, das meine ich. Auf dein Wohl!« Wir tranken wieder einen Schluck. Dann zündete sie sich eine Zigarette an und inhalierte so tief und lange, wie ich es noch nie zuvor gesehen hatte. Sie bot mir auch eine an, die ich dankend nahm, wenngleich ich Nichtraucher war – es war eine Westzigarette. Dann schaute sie mich wieder provozierend lange an, wie ein junges Mädchen, das darauf wartet, doch endlich angesprochen zu werden. Ich hielt ihrem Blick nicht stand und nahm vorsichtshalber noch einen Schluck des unglaublich starken Getränks, das bereits Wirkung zu zeigen begann, jedenfalls was mich betraf. Sie hingegen schien immer nüchterner zu werden. Und nach langer Pause sagte sie: »Ich habe einen Wunsch an dich. Du darfst mir aber die Erfüllung unter keinen Umständen verweigern. Versprich mir das!«

»Ja, wenn ich nur irgend kann.« Und mir kam alles Mögliche in den Sinn, nur nicht das, was folgen sollte.

»Ich habe nämlich heute Geburtstag, und zwar einen runden.«

»Oh, dann gratuliere ich Ihnen.«

»Wozu?« sagte sie, und es klang seltsam bitter.

Dann machte sie mir ein unzweideutiges Angebot, wobei sie keineswegs leise sprach. Selbst Hansi mußte das gehört haben. Zudem fiel mir auf, daß sie keines der »bösen« Wörter dafür benutzte. Als sie bemerkte, daß es mir den Atem verschlug, legte sie ihre Hand auf die meine, beugte sich zu mir und fauchte mir dann doch eines dieser Wörter ins Ohr, und zwar im Imperativ. Und während ich erbleichte, sann ich darüber nach, welchen »runden« sie wohl gemeint haben könnte. Es kamen mehrere in Frage. Ich entzog ihr vorsichtig meine Hand, nahm einen tiefen Zug von meiner »Gauloises« und bekam einen Hustenanfall. Nichtraucher sollten nicht inhalieren!

Sie begann unvermittelt sehr laut zu lachen, wobei mir trotz meiner Verwirrtheit auffiel, daß es ein sehr schönes und vitales Lachen war, das schier nicht enden wollte. Aber dadurch blieb mir die Möglichkeit versagt, herauszufinden, ob ihre frivole Offerte ernst gemeint war oder nur ein Test, wie ich reagieren würde. Unter uns Studenten wurde so etwas als Sport betrieben.

Als ihr Lachen dann endete, das von den beiden berühmten Schauspielern angewidert registriert worden war, fragte sie mich, woran ich denn gerade arbeiten würde. Ich war natürlich erfreut, daß sie so abrupt dieses äußerst unangenehme Thema wechselte und gab bereitwillig Auskunft, daß ich gerade den »Hofmeister« von Lenz/Brecht probiere, darin den Läuffer, also die Titelrolle spiele, daß Adolf Dresen der Regisseur sei und es einen Riesenspaß mache. Ich erwähnte auch die gelungene Generalprobe einschließlich des Lobes von Heiner Müller, und daß dies der Grund meines Barbesuchs sei, und wunderte mich gleichzeitig, daß ich mein Hiersein gegenüber einer mir wildfremden Person zu rechtfertigen versuchte. »So, den Läuffer spielst du also?«

»Ja. Wieso? Kennen Sie denn das Stück?«

»Natürlich. Ich habe es ja geschrieben. Wenigstens zum großen Teil.«

»Äh … entschuldigen Sie bitte, aber … ›Der Hofmeister‹ ist von Brecht!«

»Das weiß ich, Jungchen.« – Wieder Jungchen! – »Von Brecht und von mir.«

Sie sagte das mit einer so großen Selbstverständlichkeit, daß ich den Gin dafür nicht verantwortlich machen konnte, und ich war konsterniert.

Ich bat, mich für einen Moment entschuldigen zu dürfen und ging zur Toilette. An der Bar hielt ich inne und vergewisserte mich, ob sie mir auch nicht nachschaute. Sie tat es nicht. Sie lächelte sonderbar versunken mit zurückgeworfenem Kopf in den stoßweise nach oben gepafften Rauch ihrer Gauloises. Ich winkte Hansi herbei und fragte ihn, wer denn das um Himmels Willen sei.

»Das ist Ruth Berlau«, sagte Hansi, und ich bekam eine Gänsehaut. Beim Händewaschen hatte ich dann genügend Zeit, mir und meinem Spiegelbild klarwerden zu lassen, mit wem ich da am Tische saß.

Als ich zurückkam, saß sie noch genauso da wie vorhin; Zigarette im Mundwinkel, Blick nach oben, und eben dieses geheimnisvolle Lächeln. Nur die Gläser waren wieder gefüllt.

»Spiel mir was vor!« befahl sie. »Ich habe den Text lange nicht mehr gehört.«

»Entschuldigen Sie, aber … das geht doch nicht!«

»Natürlich geht das! Bleib sitzen und mach's leise, damit diese Idioten da hinten nichts zu gaffen haben. Zitiere es also nur, sozusagen.«

»Diese Idioten da hinten« hatte sie in den Raum gedonnert, mit entsprechender Wirkung natürlich, und sie lachte wieder laut und schön.

»Übrigens, mein Name ist Berlau«, sagte sie.

»Aber das weiß ich doch, gnädige Frau!« log ich und fragte sie, was sie denn möchte, das ich aufsage.

»Du sollst hier nichts aufsagen, du sollst spielen! Aber eben klein.«

»Gut. Also … den Prolog vielleicht?«

»Ja, den Prolog, schön. Der ist zum Beispiel komplett von mir.«

Und abermals bekam ich eine Gänsehaut. Ich atmete tief durch und spielte den Prolog im Sitzen, leicht nach vorn geneigt, leise, aber mit einer höllischen Spielfreude, die geprobten Gesten dieser Schulmeister-Marionette nur andeutend:

»Geehrtes Publikum, unser heutiges Stück
Wurd verfaßt einhundertfünfzig Jahre zurück.
Drin trete aus der Vergangenheit Tor
Ich, des deutschen Schulmeisters Urahn hervor.
Ich bin noch in des Adels Dienst
Und lehr seine Sprößling mit kargem Gewinst.
Bring ihnen bei Bibel und etwas Manieren,
Naserümpfen, Klugscheißen und Kommandieren.«

Und so weiter. Ich fand mich noch besser als am Nachmittag bei der Generalprobe. Erstaunlich nach so viel Gin, dachte ich. Aber das machte wohl die aus dem »Nicht-Ausspielen-Müssen« resultierende Leichtigkeit. Als ich fertig war, fiel mir auf, daß ich ihr während des ganzen Prologs frech in die Augen geschaut hatte und daß ich darin ein seltsames Feuer bemerkte. Auch, daß sie den Text Wort für Wort tonlos mitsprach, war mir nicht entgangen. Nur den Schluß:

»Wills euch verraten, was ich lehre:
Das ABC der Teutschen Misere!«

schmetterte sie laut und vernehmlich in den Raum, und mit mir synchron. Und dann lachte sie wieder, wobei sie den nun ziemlich verblödet dreinschauenden Schauspielern zuwinkte.

»Großartig! Wirklich gut hast du das gemacht! Ich danke dir.« Das war für mich nun doch einiges mehr an Ambrosia als die von

Heiner Müller. Sie applaudierte zart und bat mich auch noch um den Epilog. Der sei nicht Bestandteil unserer Szenenfolge, log ich abermals, denn nach diesem Furioso konnte es eigentlich nur noch abwärts gehen.

»Eine Frage habe ich doch, Frau Berlau. Uns ist bei der Arbeit aufgefallen, daß die Reime der Endsilben absolut deckungsgleich sind – Stück / zurück, Tor / hervor – undsoweiter, bis auf eine Ausnahme, wo es heißt: ›… und ich bedenk schon früh und spät, daß ich in seine Dienste tret.‹ Tret! Also ich hätte ja trät richtiger gefunden, und nicht tret. Verzeihen Sie, ich muß Ihnen jetzt sehr kess und naseweis vorkommen.«

»Aber ganz im Gegenteil! Du hast ja vollkommen Recht!« sagte sie und lachte wieder. »Die Zeile hieß nämlich ursprünglich: ›… ob ich in seine Dienste trät.‹ Aber der Brecht hat das gestrichen. Einfach so durchgestrichen! Ein Konjunktiv, hat er gesagt, dazu noch, wie hier ein apostrophierter Konjunktiv, das seien pseudointellektuelle Faxen, und solche können von den Arbeitern nicht verstanden werden, und ich hätte die Zeile sofort zu ändern. Dieses bornierte Arschloch!«

Und »dieses bornierte Arschloch« schleuderte sie natürlich wieder in die Richtung der beiden Brecht-Schauspieler, abermals nicht ohne Wirkung.

»Aber es freut mich natürlich, daß es endlich mal jemandem aufgefallen ist«, sagte sie und dann: »Prost!« Sie trank ihr Glas in einem Zuge aus, goß sich reichlich nach, zündete sich erneut eine Zigarette an und sagte dann: »Was meinst du denn nun zu meinem Angebot? Ich meine es ernst! Ich zahl auch gut dafür.« Ach verdammt, dachte ich, da war es nun also doch wieder!

»Sehr geehrte Frau Berlau … ich bin schon sehr geschmeichelt, aber … ich muß jetzt dringend nach Hause. Meine Freundin wartet da seit Stunden, und ich möchte einfach nicht …«

»Ist ja schon gut, Jungchen«, unterbrach sie mich. »Grüß sie schön von mir und sag ihr, sie soll nicht weggehen. Aus dir kann mal ein guter Schauspieler werden. Möglicherweise.« Sie goß noch einmal nach, die Flasche war nun leer, schob mein Glas näher und wünschte mir eine gute Nacht. Ich lehnte jedoch dankend ab mit dem Hinweis auf meine bevorstehende Premiere, zu der ich sie einlud, da ihre Anwesenheit eine außerordentliche Ehre für uns alle wäre. Sie bedankte sich, sagte aber, daß sie nicht kommen könne, da sie überhaupt keine Zeit habe. Ich verneigte mich zu einem Handkuß und ging.

»Hey, Gaugler!« rief sie mir hinterher und ich erschrak. Hans Gaugler, erinnerte ich, hieß der Züricher Schauspieler, der meine Rolle bei der Uraufführung 1950 am Berliner Ensemble gespielt hatte. Ich drehte mich um. »Toi, toi, toi!« sagte sie leise mit ernstem Gesicht und: »Du wirst gut! Versprich mir das!« indem sie mit ausgestrecktem Arm auf mich zeigte. Und es klang fast wie eine Drohung. Ich sagte »Ja« und verschwand.

Ich habe Frau Berlau danach nie wieder gesehen.

Später erfuhr ich von Hansi, daß sie noch mehrmals erfolglos versucht hatte, in die »Möwe« zu gelangen. Sie wurde dann jedesmal von den Garderobe-Menschen im Parterre unter dem Vorwand davongeschickt, daß sie keine Personaldokumente bei sich habe, die in der »Möwe« stets vorzulegen waren. Das Lokal befand sich in Grenznähe. Sie hatte ihren Ausweis wohl verloren. Aber diese Lakaien wußten natürlich sehr genau, daß das Ruth Berlau war und vielleicht sogar auch, *wer* Ruth Berlau war.

Abbildung Seite 101: Ruth Berlau, um 1950

5 Nie mehr Liebe?

Nachwort von Ditte von Arnim

Eigentlich ist zu den hier abgedruckten Texten von Ruth Berlau gar nicht viel zu sagen. Alles steht drin. Man muß nur lesen können, auch zwischen den Zeilen. Manchmal fällt es schwer weiterzulesen, weil man erschrocken aufblickt über eine Wahrheit, die man sich bisher so nicht eingestanden hat. Ruth Berlau ist mutig. Kein einziges Wort von ihr liebäugelt mit einem Kompromiß. Sie ist eben kompromißlos, im Leben und beim Schreiben. Dafür zahlt man immer einen gewissen Preis. Ruth Berlau hat diesen Preis bezahlt.

Um mit dem Schreiben zu beginnen, brauchte Ruth Berlau einen konkreten Anlaß, der ihre Phantasie in Bewegung setzte. Reisen sind ein vielerprobtes Mittel. Man ist Objekt und Subjekt zugleich.

Ganz am Anfang steht also eine Reise, die Reise nach Paris. Alles andere als luxuriös, per Fahrrad, auf dem Gepäckträger sind Schlafsack und Rucksack verstaut. Und Schreibpapier für Aufzeichnungen und Notizen, denn das große dänische Boulevardblatt »Ekstra Bladet« rechnet mit ihren Berichten von unterwegs. Hätte Ruth Berlau ein Reisetagebuch geführt, stände auf der ersten Seite: Kopenhagen, 4. August 1928. Mit Fut, meinem Fahrrad, nach Paris.

Die bald 22jährige junge Frau hat das Leben bereits von den verschiedensten Seiten kennengelernt, von den freundlichen, aber auch den unfreundlichen. Geboren am 24. August 1906 in dem Kopenhagener Vorort Charlottenlund, einer wohlhabenden Gegend im »Venedig des Nordens«, wächst das Mädchen in gutbürgerlichen Verhältnissen auf.

Der Vater macht als Kaufmann glänzende Geschäfte, an Geld mangelt es also nicht. Doch ist Ruth Berlau auffallend zurückhaltend, wenn sie von ihrer Kindheit erzählt, die sie zusammen mit ihrer zwei Jahre älteren Schwester Edith in Kopenhagen verlebt. Eine besonders glückliche Kindheit wird es also nicht gewesen sein. Die Ehe der Eltern ist konfliktreich. »Letztes Kapitel – Skandal!« mit diesem Ausspruch kommentiert 1919 der Vater den Selbstmordversuch seiner Frau Blanca. Und es kommt zur Scheidung.

Ruth Berlau als junges Mädchen

Da das Schulgeld von der Mutter nun nicht mehr aufgebracht werden kann, ist Ruth gezwungen, die Schule vorzeitig zu verlassen. Sie ist dreizehn und muß über Nacht erwachsen werden. Couragiert und einfallsreich meistert das junge Mädchen die Situation, sie verkauft in Kopenhagen Kaffee, natürlich mit Hilfe des Hauptverkehrsmittels aller Dänen: dem Fahrrad. Dann findet sie eine Stelle als Praxishilfe bei einem Zahnarzt. Doch das ist nicht ihre Welt. Man kann sich gut vorstellen, wie das hübsche junge Mädchen, mit den dunklen Augen, die an schwarzen Samt erinnern, unwillig den Schwesternkittel überzog und dachte: hier muß ich wieder weg. Weit weg!

Die Idee mit der Fahrradtour Kopenhagen-Paris wird ihr wie eine Rettung erschienen sein. Mit zwanzig Kilometern die Stunde in ein neues Leben. Zum Glück fand die Idee auch in den Ohren des Chefredakteurs der Boulevardzeitung *Ekstra Bladet* freundliches Interesse, obwohl Ole Cavling von dieser unternehmungslustigen jungen Frau noch keine Zeile gelesen hatte.

In ihrem Interview kurz vor der Abfahrt gibt sich Ruth Berlau forsch und als eine Art Expertin in Sachen Abenteuer. Statt

Schmuck trägt sie auf ihrem Kleid die rot-weiße Flagge Dänemarks. Ein heller Augustmorgen 1928, ein letzter Blick zur altehrwürdigen Amalienborg, über den Rådhusplads, auf Sund und Hafen, på gensyn København, auf Wiedersehen Kopenhagen.

Die Strecke nach Paris führt über Gedser, Warnemünde, Hamburg, Köln und Liège. Sie überquert die Ardennen und passiert die französische Grenze wahrscheinlich bei Givet. Es wird eine Radtour mit Unterbrechungen, denn um schneller voranzukommen, benutzt die Radfahrerin gelegentlich auch andere Verkehrsmittel. Auch die Reisereportagen fallen anders aus als sonst übliche journalistische Berichte. Auf der Reise begegnet Ruth Berlau eben nicht nur Land und Leuten, sondern auch der eigenen Phantasie. Ein wenig ist man an ihren berühmten Landsmann Hans Christian Andersen erinnert, der genau einhundert Jahre früher über seine »Fußreise nach Amager« schreibt. Ihm begegnen Riesen und der Heilige Petrus höchstpersönlich. Und er bekommt eine Brille geborgt, durch die der junge Dichter Dinge sehen kann, die anderen verborgen bleiben.

Genau diese Andersen-Brille muß auch Ruth Berlau auf der Nase gehabt haben: da ihr keine Abenteuer über den Weg laufen, läßt sie sich welche einfallen. So hat sie es später erzählt. Es sind also keine Reiseberichte, sondern erste Versuche, schreibend ein weißes Blatt Papier zu erobern.

Bevor die junge Frau dann aber am 11. August Paris erreicht, wird sie von einem neugierigen Journalisten auf der Landstraße gestoppt. Ihre bevorstehende Ankunft hat sich bereits herumgesprochen, und die Pariser sind auf diese ungewöhnliche Radfahrerin gespannt. »Ein dänisches Mädchen kommt allein auf dem Fahrrad von Kopenhagen nach Paris, um sich einen Lippenstift zu kaufen«[1], so können es die Leser dann am folgenden Tag in der Zeitung lesen. Und sie erfahren auch, daß Ruth Berlau nicht etwa bei strahlendem Sonnenschein in der Stadt an der Seine eintraf, sondern weit nach

Mitternacht. Sollte sie ihre Ankunft als eine perfekte Inszenierung geplant haben, so ist ihr dieser Plan gelungen. Ob sie sich aber in den folgenden Tagen in Paris dann einen Lippenstift kaufte, wissen wir nicht. Wir wissen nur, daß Ruth Berlau Ende August nach einem Abstecher in die Stadt Amsterdam wieder in Kopenhagen ankommt. Und daß sie Paris, wie alle, die einmal dort waren, so schnell nicht wieder vergißt. Sie wird wiederkommen …

Im Herbst 1933 ist sie dann erneut für mehrere Wochen in Paris. Und alles in ihrem Leben ist anders. Sie ist mit dem sehr viel älteren Kopenhagener Arzt Robert Lund verheiratet. Sie will Schauspielerin werden und hat bereits kleinere Rollen am Königlichen Theater in Kopenhagen gespielt. Sie ist mit ihrem Fahrrad inzwischen auch in Moskau gewesen und begeistert von den politischen Ideen einer sozialen Gleichheit aller Menschen. Und sie ist im Sommer 1933 einem Menschen begegnet, der für sie wichtiger wird als alle anderen: Bertolt Brecht. Er ist 35, Ruth Berlau eine aparte 27Jährige. Brecht, der mit seiner Ehefrau, der Schauspielerin Helene Weigel, und den beiden Kindern seit Juni 1933 im dänischen Exil lebt, interessiert sich für die Dänin mit den vielen Begabungen. Doch Nähe setzt bei Brecht absolute Vertrauensbeweise voraus. Worten mißtraut er. Sein »Brückenprinzip« gilt: »Es gibt Freunde«, schreibt Brecht, »über die kann man mit einem Tausendtonnengüterzug fahren, andere, die vertragen einen Autobus und die meisten einen Kinderwagen.«[2] Wirklich interessiert war Brecht immer nur an »Tausendtonnengüterzügen«. Bei seiner enormen Produktivität war er eben auf Hilfsdienste anderer angewiesen. Alles ordnete er dieser Tatsache unter, auch die Liebe. Ob sich die Berlau für seine Art von Zusammenarbeit eignet, prüft er fast drei Jahre lang. Dann erst werden sie ein Paar. Zusammen nehmen sie im Juli 1937 am II. Internationalen Schriftstellerkongreß teil, der Ruth Berlau erneut nach Paris führt. Diesmal aber sind es politisch bedrohliche Zeiten, der Bürgerkrieg in Spanien liegt als dunkler Schatten über ihnen.

Während des Kongresses wurden die Anwesenden aufgerufen, sich in Spanien den Internationalen Brigaden anzuschließen. Ruth Berlau überlegte nicht lange, sie war sofort bereit, gemeinsam mit vielen anderen Schriftstellern, dem Aufruf zu folgen und nach Madrid zu fliegen. Brecht schüttelte verärgert den Kopf. Für ihn bleibt der Schreibtisch der einzig sinnvolle Kampfplatz für einen Schriftsteller. Doch er konnte die Berlau nicht umstimmen. Die folgenden Wochen erträgt er nur schwer. Es war der Anfang ihrer Liebe, ihr Verhältnis noch ganz unabgenutzt. Ruth Berlau versprach dann: In 14 Tagen bin ich zurück. Doch aus den 14 Tagen werden Monate. In dieser Zeit schrieb Brecht für sie die Lai-tu Geschichten und eines seiner schönsten Liebesgedichte[3].

MORGENS UND ABENDS ZU LESEN

Der, den ich liebe
Hat mir gesagt
Daß er mich braucht.

Darum
Gebe ich auf mich acht
Sehe auf meinen Weg und
Fürchte von jedem Regentropfen
Daß er mich erschlagen könnte.

Wenn man sich statt der Regentropfen Granaten und schwere Artillerie vorstellt, dann entspricht das den realen Gefahren jener Wochen. Ruth Berlau ging bis an die vorderste Front.

In Spanien traf sie viele bekannte Schriftsteller, André Malraux und Martin Andersen Nexö, Erich Weinert und Bodo Uhse, Ludwig Renn und Egon Erwin Kisch. Kisch, nach seiner ersten Buchveröffentlichung allgemein der »rasende Reporter« genannt, berichtete in seinen Reportagen vom Bürgerkrieg in Spanien. Für Ruth Berlau wurde er zum Vorbild, so wollte sie schreiben. Die hohe Wertschätzung für Kisch hat der Autor des berühmten »Radetzkymarsch«, Joseph Roth, besonders schön formuliert: »Egon Erwin Kisch ist kein rasender Reporter; das ist ein Spitzname, den er sich nicht ohne Selbstironie gegeben hat; er ist ein gewissenhafter und gründlicher Berichterstatter. Was ihn aber zum vorzüglichen Schriftsteller macht und seine Berichterstattungen zu literarischen Werken, ist – der Materialist Kisch möge es mir nachsehen – die Gnade, die Gnade des echten Schriftstellers, die darin besteht, daß man die Wirklichkeit beschreibt, ohne die Wahrheit zu verletzen; daß man trotz der dokumentarischen Wirklichkeit nicht versäumt, die Wahrheit zu sagen.«[4]

Von Kisch wollte Ruth Berlau lernen, deshalb schloß sie sich ihm in Madrid an.

Der 52jährige Kisch, ein welterfahrener und im linken spanischen Lager wichtiger Mann, nahm die unerschrockene junge Dänin gern an seiner Seite mit. Sein Terminkalender war immer randvoll. Nicht nur in den dramatischen Monaten in Spanien. Im Nachlaß von Ruth Berlau ist eine Notiz aus jenen Tagen zu finden:

»›Komm mit mir‹, sagte Kisch, und wir gingen in die Gefangenenlager. Von ihm lernte ich, Fragen zu stellen, zum Beispiel: ›Warum seid ihr hier?‹

Da zeigten sie große Bündel falsches Geld, schauten uns an und meinten: ›Nichts wert?‹

Das war die Wahrheit: Bestochen waren sie damit.

›Da sollen wir sterben – für eine schlechte Sache!‹

›FRANCO!‹

Kisch wurde mein Lehrer in Reportage.

Immerfort wiederholte er: ›Schau dir das an!‹«[5]

Und Ruth Berlau lernt hinzuschauen. Fünf Jahre nach ihrem Spanienaufenthalt, inzwischen lebt sie seit 1942 in New York, beginnt Ruth Berlau, kleine Storys aus ihrem Alltag aufzuschreiben. Sie plant ein Buch unter dem Titel »Zwischen Wolkenkratzern«.

Interessant ist, daß genau in dieser Zeit Kischs »Marktplatz der Sensationen« erscheint, in Anlage und Intentionen von verblüffender Nähe zu Berlaus Projekt. Lose zusammenhängende kleine Geschichten, die zugleich Zeitdokumente sind. Und deshalb sollte wohl auch in Ruth Berlaus Buch »Zwischen Wolkenkratzern« die erste Seite Egon Erwin Kisch gewidmet sein: »Mein Lehrer ...«

Hauptschauplatz der kleinen Erzählungen von Ruth Berlau ist das New York der vierziger Jahre. Ein hartes Pflaster, alles dreht sich darum, einen Job zu haben und Geld zu verdienen. Noch besser sind natürlich zwei Jobs.

Von der Nachtbar zum Leierkasten, von der einbeinigen Hökerfrau und einem auf dem Tisch tanzenden Chinesen zu Wischlappen und Staubsauger, alles lernt Ruth Berlau in dieser Zeit kennen. Das Erstaunliche, ihre Geschichten erscheinen heute nicht antiquiert, sondern auf fatale Weise sehr zeitgemäß. Und man hat ständig das Lied aus dem Musical »Cabaret« im Ohr: Money, Money, Money ...

Ein kurioses Relikt aus diesen vierziger Jahren liegt im Nachlaß von Ruth Berlau, nicht nur für Barfrauen hilfreich, eine Art verschiebbare Mixanleitung. Man bringt den Schieber zum Beispiel auf Drink Nr. 48 mit dem Namen Washington und erfährt umgehend die notwendigen Ingredienzen: ein halber Brandy, ein Achtel Vermouth, ein Drittel Chartreuse.

Im Nachlaß finden sich aber auch unzählige Ideen und Pläne.

Über einigen Texten steht Peter P. Colorius, ein von Ruth Berlau verwendetes Pseudonym. Dem aufmerksamen Leser der New Yorker Texte entgeht nicht, daß der kleine kluge Affe in der Geschichte vom Leierkastenmann, für die Berlau ein besonders begabter Menschenbeobachter, den Namen Colorius trägt.

Kontaktabzug mit 16 Abbildungen von Ruth Berlau, 1941

Ein anderes Pseudonym von Ruth Berlau: Maria Sten. Unter diesem Namen war 1940 in Kopenhagen ihr Erzählband: »Ethvert Dyr kann det« erschienen. Auf deutsch: Jedes Tier kann es.

Doch für die verhängnisvollen Irrtümer zwischen Männern und Frauen, von denen diese Geschichten erzählen, hatten die Dänen damals keine Muße. Es gab andere Probleme. Seit April 1940 war Dänemark von deutschen Truppen besetzt. Und so fand das Buch, unter Mitarbeit von Brecht entstanden, kaum Beachtung.

Eine dieser Geschichten, ein Feuerwerk der Desillusionen, trägt den Titel: Nie mehr Liebe. Ein kleiner runder Hut spielt dabei eine nicht unwichtige Rolle, den die Autorin sehr detailliert beschreibt. Diesen Zusammenhang muß man kennen, um die Fotos auch richtig würdigen zu können, die im Frühjahr des Jahres 2007 im Bertolt-Brecht-Archiv aufgefunden wurden. Unbekannte Porträts von Ruth Berlau, mal mit artigem weißen Kragen, mal mit einem kecken kleinen runden Hut auf dem Kopf. So kann aus Literatur plötzlich Wirklichkeit werden. Wenn auch nur in schwarz-weiß.

Auf der Rückseite der sechzehn Kontaktabzüge steht die Jahreszahl: 1941. Man kann also davon ausgehen, daß die Fotoserie kurz nach der Ankunft von Ruth Berlau in Amerika aufgenommen wurde. Wie viele andere Emigranten dieser Zeit brachte sie in die »Neue Welt« vor allem etwas mit: Hoffnung.

»Sie setzte sorgfältig ihren Hut auf«, heißt es in der Geschichte »Nie mehr Liebe«. »Er war grün, sicherheitshalber. Ein erstklassiger Hutsalon hätte ihr nicht zu ausgerechnet dieser Façon geraten – er war ganz einfach rund –, und da ihre Backen rund waren, ihre Arme rund, ihre Brüste rund und auch ihr Hinterteil nicht viereckig, sondern ausladend, gehörte schon Mut dazu, ausgerechnet diesen runden und dann auch noch grünen Hut zu tragen. Karen Marie Alvilda hatte diesen Mut ...«[6] Auch Ruth Berlau hatte diesen Mut, nicht nur was Hüte betraf. Von Brecht dazu aufgefordert, war sie ihm in jedes Exilland gefolgt, in das er vor den deutschen Truppen flüchtete. Sie hatte alle Brücken hinter sich abgebrochen. 1940 erfolgte die Scheidung von Robert Lund.

Im Sommer 1941 trifft Ruth Berlau dann mit Brecht und dessen Familie im Hafen von Los Angeles ein. Doch wovon soll sie nun leben? Wo eine Arbeit finden, eine Wohnung?

Immerhin, das Inferno Europa liegt hinter dem Ozean. Amerika ist eine Hoffnung. Und so wagt Ruth Berlau den Sprung und geht allein nach New York. Wozu in Hollywood herumsitzen, diesem überfüllten Wartesaal von potentiellen Drehbuchschreibern.

In New York findet die Berlau gemeinsam mit einer anderen Dänin eine erschwingliche Wohnung: Apartment 124 E, 57th street. Mit direktem Blick auf die legendären Wolkenkratzer der Millionenstadt. Und sie bekommt einen Job beim Office of War Information in New York. Ihre dort produzierten Rundfunksendungen werden in Dänemark gehört und ihre Texte finden ein Echo.

Außerdem bietet sie in dieser Zeit kleine unterhaltsame Kurzgeschichten New Yorker Journalen und Zeitungen an, darunter auch die Geschichte »Der Teufel ist ein schlechter Chauffeur«.

Nur etwas fehlt Ruth Berlau: Brecht. In jedem ihrer Briefe an ihn hofft sie auf sein Kommen. Schreibt, wie unentbehrlich er für sie sei. Doch für Brecht sind Menschen nur dann unentbehrlich, wenn sie ihm bei der Arbeit nützen. Was manch einem skrupellos und egoistisch erscheinen mag, ist aber nichts weiter als die Tatsache, daß Brecht seinen eigenen Gesetzen folgt. Mit der Konsequenz und der Sicherheit vieler Genies.

Es gibt einen Brief Brechts an Ruth Berlau, geschrieben im September 1940 in Finnland; wenn sie diese Sätze verstanden hätte, dann wären ihr viele Enttäuschungen erspart geblieben. Brecht schreibt:

»Liebe Ruth, ich bin niedergeschlagen darüber, daß ich so heftig und grob war, aber da ist zweierlei schwierig. Das eine ist, daß es mich sehr unruhig macht, zu wissen, Du wartest auf mich und brauchst mich; und das andere, daß ich in Zeiten, wo ich in Arbeiten stecke, ganz und gar unsinnlich werde und mir die harmlosesten Bemerkungen erotischer Art fast unerträglich werden. In solchen Zeiten finde ich jeden Gedanken von Dir, ich könnte hier eine finnische Sommernacht etablieren, schrecklich unadaequat, in der Tat beleidigend …«[7]

Befand sich Brechts Brief im New Yorker Gepäck von Ruth Berlau?

Wir wissen nur, nach einem halben Jahr der Trennung kam Brecht nach New York, um dort eine Inszenierung seines Stücks »Furcht und Elend des Dritten Reiches« vorzubereiten. Und um viele Freunde zu besuchen, die in Manhattan lebten oder in Brooklyn. In den folgenden Jahren ist er dann öfter und für längere Zeit in New York. Manchmal sitzt er auf dem Balkon von Ruth Berlaus Wohnung und raucht voller Genuß seine Virginia. Hinter ihm, wie eine riesige Theaterkulisse, die Skyline New Yorks. So hat ihn Ruth Berlau fotografiert. Er wirkt wie seine eigene Legende.

In dieser Zeit sind sich die beiden sehr nah, und nachdem die Berlau ihren Job beim Office of War Information verliert, ist sie ausschließlich für Brecht tätig. Sie wird sein »New Yorker Büro«. Die Schauspielerin Elisabeth Bergner, eine langjährige Freundin der Berlau, schreibt in ihren Memoiren über die New Yorker Zeit: »Wenn man Ruth Berlaus Wohnung gesehen hat – auf dem Bett, auf dem Fußboden, auf dem Tisch, in der Schreibmaschine, überall lagen sorgfältig numerierte Seiten von Brechts Manuskripten. In der Badewanne lagen die Fotokopien davon. Da sie so wenig Geld hatten, war Ruths Wohnung Verlag und Kopieranstalt.«[8] Brecht schreibt kaum eine Seite, die sie nicht kennt.

Als Ruth Berlau im Frühjahr 1944 feststellt, daß sie von Brecht ein Kind bekommt, ist sie überglücklich. Sie glaubt, daß sich ihr Verhältnis zu ihm nun stabilisiert. Doch genau das Gegenteil ist der Fall. Was wir landläufig unter Glück verstehen, Ruth Berlau hatte es nicht. Kurz nach der Geburt stirbt ihr kleiner Sohn Michel, sie konnte ihn nicht einmal sehen.

Nach dem Tod ihres Kindes ist für Ruth Berlau nichts mehr, wie es vorher war. Sie hat ihr Land verloren, ihr Kind, und auf eine Verbesserung der Beziehung zu Brecht war kaum noch zu hoffen. In dieser Situation verliert sie die Balance und ihre bis dahin ungebrochene Kraft und Energie. Brecht versucht auf seine Weise zu trösten und zu helfen, ohne Erfolg. Nach einem Nervenzusammenbruch muß Ruth Berlau ab Dezember 1945 in einem Krankenhaus behandelt werden.

Als sich ihr Zustand wieder stabilisiert, fährt sie mit Brecht nach Santa Monica. Die gemeinsame Arbeit steht wieder im Vordergrund, und es gibt Überlegungen und Pläne für die Rückkehr nach Europa. Eigene größere Arbeiten plant Ruth Berlau nun nicht mehr, sie hat ihre Fähigkeiten in den Dienst Brechts gestellt. Brechts Stücke

»Der gute Mensch von Sezuan« und »Der kaukasische Kreidekreis« wurden in diesen Jahren durch ihre Mitarbeit geprägt. 1947 fotografiert und dokumentiert Ruth Berlau mit großem Aufwand Brechts »Galileo«-Inszenierung in New York; Tausende von Fotos entstehen in den folgenden Jahren – der fotografische Nachlaß ist bis heute nicht vollständig erfaßt. Und sie begleitet ihn vor das House Committee on Un-American Activities. Vor diesem Kongreßausschuß wurde Brecht zu kommunistischen Aktivitäten befragt. Der Taktiker Brecht kommt aber ungeschoren davon und verläßt am folgenden Tag Amerika für immer.

Wiedergesehen haben sich Brecht und Ruth Berlau dann erst wieder Anfang des Jahres 1948 in der Schweiz. Nach ersten Inszenierungs-Experimenten in Zürich und Chur beginnt nun ein ganz neues Kapitel Brechtscher Theaterarbeit: 1949 begründet Brecht in Berlin zusammen mit Helene Weigel eines der bedeutendsten Theaterunternehmen des zwanzigsten Jahrhunderts, das »Berliner Ensemble«. Helene Weigel tritt aus dem Schatten der Exiljahre wieder ins Rampenlicht, und ihre Weltkarriere beginnt.

Ruth Berlau lebt in Berlin unweit des »Berliner Ensembles«, in der Charitéstraße 3. In ihren Erinnerungen hält sie fest, wie der Name des Theaters entstand: »Der Vorschlag, unsere Truppe Berliner Ensemble zu nennen, stammt von mir. Er kam ganz einfach zustande. Weil immer davon gesprochen wurde, daß wir vor allem ein Ensemble haben müssen, wenn wir gutes Theater machen wollen, entstand der Name fast von selbst. Ich habe ihn nur zuerst ausgesprochen: ›Dann nennen wir uns doch Berliner Ensemble‹. Es stellte sich später heraus, daß der Vorschlag gar nicht so gut war, weil in Deutschland kein Mensch ›Ensemble‹ richtig aussprechen kann.«[9]

Das Verhältnis zu Brecht erinnert aber kaum noch an die gemeinsame Zeit in Amerika. Dort brauchte er Ruth Berlau als seine wichtigste Mitarbeiterin, in Berlin ist sie eine von vielen, die dem

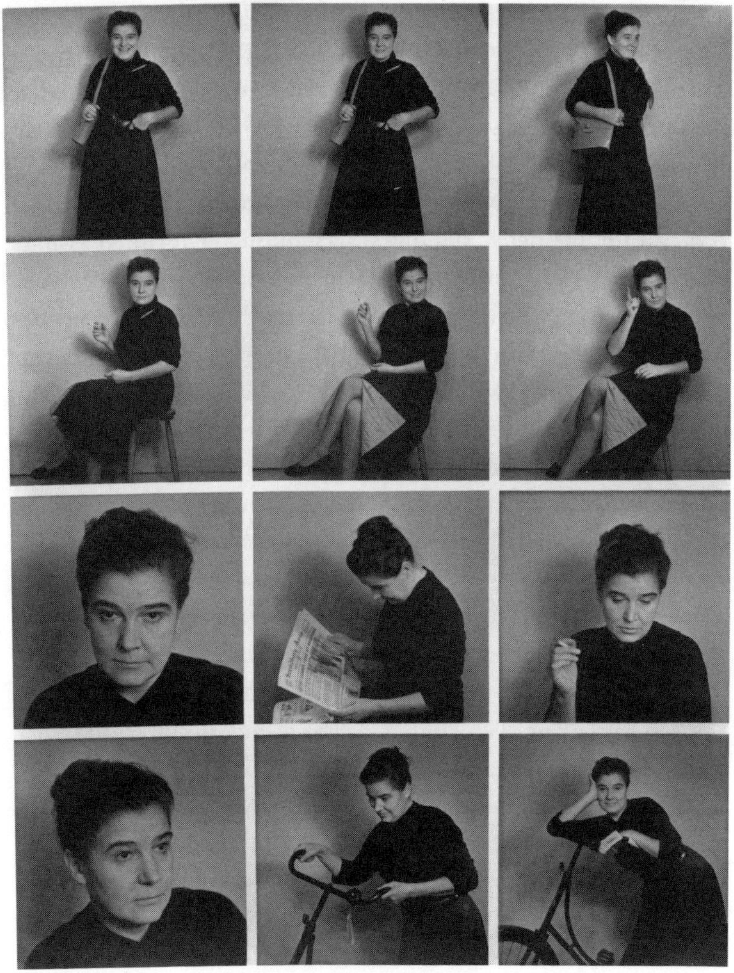

Ruth Berlau, Fünfziger Jahre-Serie

Unternehmen Brecht dienen. Die lauten und die leisen Versprechungen haben eben ihre Zeit.

Der junge Egon Monk, in den Anfangsjahren des »Berliner Ensembles« wichtigster Schüler und Mitarbeiter Brechts, hat die widersprüchliche Beziehung der beiden aus nächster Nähe erlebt. Und er hat seine eigenen Ansichten darüber: »Brechts Seinsweise, wie bestimmte Philosophen sagen würden, war eben eine andere. Bei ihm wurde alles zu Arbeit, auch das Lieben wurde, er verbarg es nicht, zu Arbeit. Die Berlau war für ihn auch die ihm nahestehende und vertraute Mitarbeiterin, die er brauchte, auf die er sich verließ und auf deren ständiges Verständnis er rechnen konnte. Und wenn andere von schrecklichen Auftritten erzählten, die sie mit Ruth Berlau gehabt hätten, daß sie mit ihr aneinander geraten wären, daß sie auf sie losgegangen sei, sie angeschrien hätte und daß manchmal Verhältnisse eingerissen seien, wo auch Assistenten die Flucht ergriffen, wenn sie ihrer nur ansichtig wurden, so konnte ich dazu immer nur den Kopf schütteln; das hatte ich nie erlebt. Vielleicht weil ich Ruth Berlau sehr gerne mochte und sich eine Art Arbeitsbeziehung entwickelt hatte, die für die, die da so eng zusammenarbeiteten, nützlich war.

Mir gefiel sie. Sie war eine sehr gut aussehende Frau, dazu war sie klug und intelligent, sie wußte vieles und konnte sehr viel. [...]

Sie und Brecht arbeiteten so zusammen, daß ich mir überhaupt keinen Grund vorstellen konnte, daß es je anders sein würde, auch wenn er andere Frauen liebte – es waren ja einige in den folgenden Jahren. Jedenfalls, so lange ich dabei war, hat das den Platz der Berlau und vor allem den Platz, den Brecht ihr zuerkannte, nie auch nur im mindesten berührt. Und so genau wollte ich da gar nicht Bescheid wissen, eigentlich bis heute nicht. Schließlich war das seine, Berlaus und Weigels Angelegenheit. Und Berliner Ensemble hin und Theater her, dies war ein Bereich des Privatlebens, in dem wir jungen Leute wahrlich nichts zu suchen hatten. Aber es hatte zur Folge, daß sich zwei Gruppen bildeten. Diejenigen, die in der Nähe Brechts waren, entfernten sich von der Weigel, diejenigen, die in der Nähe Weigels arbeiteten, entfernten sich von Brecht. Diese Gruppenbildung, dachte ich mir damals, würde noch mal Folgen haben.«[10]

Monk sollte recht behalten. Ruth Berlau geriet nach Brechts Tod in zunehmende Isolation und Vereinsamung.

Einer hat diese Situation erlebt und seine Beobachtungen sehr genau festgehalten: Eckhard Becker. Er sah mehr als die oberflächlichen Blicke vieler anderer. Durch ihn wird die faszinierende vielschichtige Persönlichkeit der Berlau für uns lebendig. Und deshalb steht sein Epilog für Ruth Berlau auch am Ende dieser kleinen Textauswahl. Ein Zufall war im Spiel, als die Hörkultur Medien im Jahr 2005 beschlossen, die Erzählungen von Ruth Berlau »Jedes Tier kann es« als Hörbuch zu produzieren und dabei Eckhard Becker die Regie zu übertragen.

Außer den Erinnerungen Dritter sind als authentische Lebenszeugnisse vor allem Fotos und Briefe der Berlau aufschlußreich. Eine bislang unbekannte Fotoserie aus den fünfziger Jahren zeigt uns die Gesichter Ruth Berlaus, und man liest darin etwas von den unerbittlichen Spuren des Lebens.

Aufgenommen wurden die Fotos wahrscheinlich bei einem Besuch in Dänemark. Die Bitte der Berlau, Brecht möge ein Foto davon mit nach Wien nehmen, weist auf seinen dortigen Aufenthalt im Herbst 1953 hin, um die Endproben für sein Stück »Die Mutter« zu leiten.

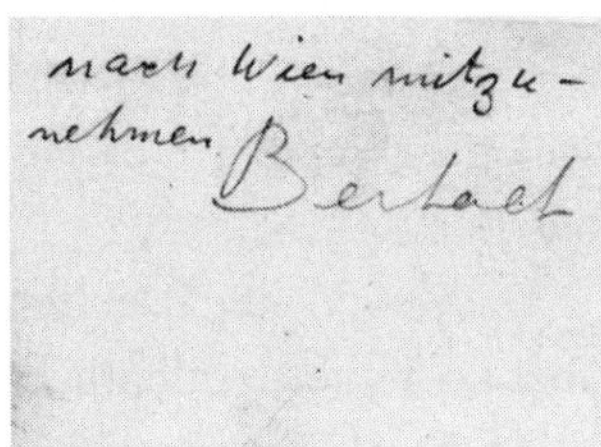

Ute ist eine von der Mutter früher benutzte Anrede, die Brecht manchmal übernahm

Zwei der Fotos tragen auf der Rückseite eine Widmung für Brecht. Einmal taucht die von beiden oft benutzte Wendung auf: e.p.e.p. Die lateinischen Anfangsbuchstaben für et prope et procul, in der Nähe in der Ferne.

Auf dem anderen Foto ist zu lesen: müde Kreatur – ruth.

Ruth Berlau hat sich vor Brecht oft als seine »Kreatur« gesehen. Doch ist das nur die halbe Wahrheit. Vieles, was sie sich in ihrem Leben in den Kopf setzte, gelang, bis sie sich der fatalen Abhängigkeit von Brecht auslieferte. Sicherlich kann der Briefwechsel zwischen Brecht und Berlau dazu einiges erklären. Es ist der umfangreichste innerhalb all seiner Korrespondenz. Und es bleibt nur zu hoffen, daß er bald vollständig erscheinen wird.

Auf der anderen Seite steht in diesem Zusammenhang die Frage im Raum: Was gehen uns die Lieben anderer Leute überhaupt an?

Ist es nicht eine Art literaturwissenschaftlicher Voyeurismus, der sich von der üblichen profanen Neugier kaum unterscheidet? Denn, wem nützt das alles? Werden wir besser davon oder klüger?

Wäre es nicht viel sinnvoller, sich das anzuschauen, was ein Mensch geschaffen hat?

Im Falle von Ruth Berlau sind es Tausende von Fotos, Erzählungen und Prosatexte. Veröffentlichtes gibt es und Unveröffentlichtes. Die Zeitschrift »Das Magazin« druckte in den fünfziger Jahren verschiedene Texte der Berlau, darunter auch drei ihrer New Yorker Storys.

Die Geschichte »Der Teufel ist ein schlechter Chauffeur« wurde aber noch nie veröffentlicht.

Auch mit ihrem Band Erzählungen, der 1940 in dänischer Sprache unter dem Titel »Jedes Tier kann es« erschien, hatte Ruth Berlau nicht viel Glück. Sie fand dafür keinen Verleger in Deutschland, ein Brief an Peter Suhrkamp blieb erfolglos. Fast fünfzig Jahre mußten nach der dänischen Ausgabe vergehen, bis das Buch in Deutschland gedruckt wurde. Ein kleiner Verlag in Mannheim hatte den Mut, der anderen fehlte. 1989 erschienen im persona Verlag Ruth Berlaus Erzählungen.

Es ist dann ein Österreicher, der Wiener Dichter und Kolumnist Erich Hackl, der 1989 im »Wiener Tagebuch« für die Texte von Ruth Berlau das Wort ergreift. »Gemessen an diesen Erzählungen«, schreibt er, »nehmen sich die Romane von Elfriede Jelinek wie Rührstücke der ›Gartenlaube‹ aus.«[11]

Man muß Hackls Meinung zu den Texten der Jelinek nicht teilen, eine uneingeschränkte Würdigung der Autorin Ruth Berlau ist seine Rezension auf alle Fälle. Doch die Anerkennung kam ein paar Jahre zu spät.

Bereits am 15. Januar 1974 starb Ruth Berlau in einem Berliner Krankenhaus.

Anmerkungen

1 Berlau/Bunge, Brechts Lai-tu, Erinnerungen und Notate von Ruth Berlau, hg. v. Hans Bunge, Luchterhand Verlag, 1985, S. 21
2 Werner Hecht, Brecht-Chronik, Suhrkamp Verlag 1998, S. 378
3 Bertolt Brecht, Gedichte, Suhrkamp Verlag, 1981, S. 586. © Suhrkamp Verlag, Frankfurt/Main
4 Der rasende Reporter Kisch, Biographie in Bildern, Herausgegeben von Marcus G. Patka, Aufbau-Verlag 1998, S. 175
5 Ruth-Berlau-Archiv 55 neu
6 Ruth Berlau, Jedes Tier kann es, persona Verlag, Mannheim 1989, S. 59
7 Bertolt Brecht, Große kommentierte Berliner und Frankfurter Ausgabe, Band 29, Suhrkamp Verlag 1998, S. 186/187
8 Bewundert viel und viel gescholten …, Elisabeth Bergners unordentliche Erinnerungen, C. Bertelsmann Verlag, München 1978, S. 213
9 Berlau/Bunge, Brechts Lai-tu, Erinnerungen und Notate von Ruth Berlau, hg. v. Hans Bunge, Luchterhand Verlag, 1985, S. 218
10 Regie Egon Monk, Erinnerungen, hg. v. Rainer Nitsche, Transit Verlag, 2007, S. 138/139
11 Ruth Berlau, Jedes Tier kann es, Hörkultur, 2005, 3 CD

Editorische Notiz

Die Erzählungen und Texte von Ruth Berlau liegen in ihrem Nachlaß in meist voneinander abweichenden Fassungen und in unterschiedlichen Bearbeitungsstufen vor. Dänisch geschrieben, deutsch oder englisch. Viel Arbeit, mag Ruth Berlau manchmal gedacht haben. Doch sie entschied sich dafür, ihre Arbeitskraft vor allem in Brechts Dienste zu stellen, nicht in ihre eigenen. Wie also heute mit diesen Texten umgehen, wenn sie nicht der literaturwissenschaftlichen Betrachtung, im Kontext mit Brecht-Texten, dienen?

Im Text »Ich bin ein Fremder in der D.D.R.« wurde zum Beispiel diese Überschrift und der Anfang der Geschichte in der einen Fassung gestrichen, in einer anderen nicht. Warum, von wem, alles Fragen, die sich heute nicht mehr klären lassen.

Die unabgeschlossenen Textfassungen machten orthographische und grammatikalische Korrekturen nötig, aber auch Worte bzw. Schreibfehler, die zu Mißverständnissen führen können, wurden korrigiert. So zum Beispiel das Wort »Schruppen« im Text: »Ich bin ein Fremder in der D.D.R.«, denn damit sind natürlich die Berliner Schrippen gemeint, die für das Wort Brötchen stehen.

In »Der Teufel ist ein schlechter Chauffeur« fehlte, im Unterschied zur englischen Fassung, die wir hier im Original abdrucken, ein entscheidender Satz, der nun wieder an der entsprechenden Stelle eingefügt wurde: »Sie bemerkte nicht, daß sie, den Kopf noch auf seiner Schulter, schon wieder sechzig fuhr.«

Die kleinen Reisestorys in der Zeitung »Ekstra Bladet«, die heute in der Königlichen Bibliothek in Kopenhagen aufbewahrt werden, sind in Altdänisch verfaßt, bei der Übersetzung wurde versucht, den Text heutigen Sprachgewohnheiten anzugleichen.

Eckige Klammern kennzeichnen Auslassungen, die den Inhalt des Textes nicht berühren.

Quellennachweis der verwendeten Texte von Ruth Berlau

Ruth-Berlau-Archiv, Akademie der Künste Berlin:

54 neu	Meine Zeit als Kulturprüfer in New York
55 neu	Meine Zeit als Leierkastenfrau
56 neu	Meine Zeit als Reinemachefrau in New York
57 neu	Meine Zeit als Schülerin bei der habgierigen, einbeinigen Hökerfrau
58 neu	New York / Meine Zeit als Zirkusclown in New York
214 neu	Man lächelt nicht in New York
90 neu	Wie ich Barfrau in New York wurde
94 neu	Zwischen Wolkenkratzern, daraus:
	Mein Lehrer
	Meine Zeit als Zirkusclown in New York
	Meine Zeit als Fotograf
	Die Freiheitsgöttin
13 neu	Der Teufel ist ein schlechter Chauffeur
55 neu	2. Fassung von Meine Zeit als Leierkastenfrau
21 neu	Ein Fremder sieht D.D.R.
73 neu	The devil is a bad driver
85 neu	Ein unheimlicher Weihnachtsabend in New York
	(siehe auch: Grischa Meyer, Ruth Berlau, Fotografin an Brechts Seite, Propyläen 2003, S. 128)
	Brecht und die humorvollen Dänen (Abdruck »Das Magazin« 8/1969)
	Ich will in deinem Herzen leben (Abdruck »Das Magazin« 12/1954)

Königliche Bibliothek Kopenhagen:

Med Ruth og Fut paa til Paris (4.8.1928); Paa Cycle til Paris (7.8.1928); Straekningen Köbenhavn-Köln (9.8.1928); Med Ruth og Fut paa Eventyr (11.8.1928); Ruth og Fut har naaet Paris i God behold (14.8.1928); Med Ruth og Fut i Paris (17.8.1928); Det gaar atter Hjemad mod Danmark (21.8.1928); Med Ruth og Fut i Arrest (23.8.1928); Ruth og Fut i Amsterdam (25.8.1928)

Fotonachweis

Abbildung Seite 113: Bertolt Brecht-Archiv: BBA-FA 3-87. Foto Ruth Berlau, © Hilda Hoffmann
Abbildung Seite 103: Privatarchiv Hilda Hoffmann, © Hilda Hoffmann

Alle übrigen Abbildungen: Ruth-Berlau-Archiv
Abbildung Seite 7: RBA N 296
Abbildung Seite 31: Foto: Cecil Lane
Abbildungen Seite 2, 25, 63, 101 und 109: Polyfoto

Der Verlag dankt Frau Hilda Hoffmann und alle anderen Rechteinhaber für die freundliche Abdruckgenehmigung. Nicht alle Rechteinhaber konnten ermittelt werden; diese werden gebeten, sich beim Verlag zu melden.

Gneisenaustraße 2 · 10961 Berlin
www.transit-verlag.de

Übersetzungen aus dem Dänischen:
Jonas Byriel und Katharina Ludwig
Übersetzung aus dem Französischen:
Ruprecht von Arnim

Umschlaggestaltung, unter Verwendung
eines Fotos aus: Ruth Berlau, Fünfziger-Jahre-Serie,
Ruth-Berlau-Archiv, und Layout, Gudrun Fröba
Druck und Bindung: Pustet GmbH, Regensburg
ISBN 978-3-88747-225-2

Lesen Sie weiter:

»Ditte von Arnim ist es gelungen, das Leben der Isot Kilian von 1924 bis 1986 so zu erzählen, daß es sich liest wie eine Novelle. Und an außergewöhnlichen Begebenheiten war dieses Leben reich, von Anfang an.«

Holger Teschke, Theater der Zeit

»Eine wichtige Biographie.«

Der Spiegel

Ditte von Arnim, »Brechts letzte Liebe. Das Leben der Isot Kilian«
192 Seiten, 48 Abbildungen und Faksimiles, gebunden mit Schutzumschlag
ISBN 978-3-88747-215-3